AF411382

TANCRÈDE MARTEL

L'Intrigue dans l'Amour

LE DUC D'ÉPERNON

Ouvrage illustré de onze dessins gravés
par CHARLES CLÉMENT

PARIS

LIBRAIRIE ALPHONSE LEMERRE

23-33, PASSAGE CHOISEUL, 23-33

MDCCCCXXV

L'Intrigue dans l'Amour

LE DUC D'ÉPERNON

ŒUVRES
DE
Tancrède Martel

POÉSIES

ROMANS ET CONTES

THÉATRE

HISTOIRE

LE DUC D'ÉPERNON, VERS 1587.

(Portrait du temps.)

TANCRÈDE MARTEL

L'Intrigue dans l'Amour

LE DUC D'ÉPERNON

Ouvrage illustré de onze dessins gravés
par CHARLES CLÉMENT

PARIS

LIBRAIRIE ALPHONSE LEMERRE

23-33, PASSAGE CHOISEUL, 23-33

MDCCCCXXV

A

MAURICE GARREAU

DIRECTEUR HONORAIRE

au ministère de l'Instruction publique

Son vieil ami,

T. M.

INTRODUCTION

*On a dit que l'Histoire, en France, finira par rem-
placer la littérature d'imagination, et principalement ce
grand art du Roman, où nous sommes, depuis bientôt
trois cents ans, passés maîtres.*

*Le roman français, s'il est l'œuvre d'un écrivain vrai-
ment artiste, n'est pas près de subir aucune tutelle. Au
reste, Histoire et Roman sont cousins et non frères. Mais
je crois que nos historiens se soucient plus que jamais
d'emprunter au roman quelque chose de son allure pittoresque, de son mouvement, de façon à donner la vie et
la couleur à leurs ouvrages. Et cela ne signifie pas qu'ils
aient renoncé à l'emploi du document, bien loin de là.*

*Jamais les recherches historiques n'ont été poussées
aussi avant que de nos jours. Il faut s'en applaudir.
La connaissance de ses origines, de son passé, de ses
titres de gloire, fait partie de l'honneur d'un grand pays
comme le nôtre. Augustin Thierry s'était pénétré de cette
vérité : on peut le considérer comme le père de l'histoire
animée, prise sur le vif, colorée, parlante en un mot.
Je citerai volontiers, parmi ses disciples directs, Gabriel*

Hanotaux, l'historien si lucide et impartial de Richelieu et de Jeanne d'Arc, et le comte Vandal, dont l'Avènement de Bonaparte est, à mes yeux, un pur chef-d'œuvre.

Ce besoin de vie, de relief, dans une restitution historique, Balzac en proclamait la nécessité, avec son livre sur Catherine de Médicis. Grand admirateur du mot de Napoléon : L'histoire de France doit n'avoir qu'un volume ou en avoir mille, il rêva d'écrire une Histoire de France pittoresque. Entendez par là une histoire où l'étude des hommes et des événements ne se borne point aux seuls documents officiels. L'opinion, les écrits des contemporains, journaux particuliers, mémoires, chroniques, pamphlets, feuilles volantes, chansons, tout ce qui sort de la plume, de la presse et des lèvres, sont autant d'indications pour arriver à connaître la vérité et donner au lecteur la sensation qu'il vit avec elle.

Mérimée, romancier de génie, eût fait un merveilleux historien : il savait mettre en valeur l'anecdote. Pour ce qui concerne notre grand Seizième siècle, Mérimée voit juste en insistant sur l'importance de mémorialistes tels que Montluc, d'Aubigné, Brantôme, Pierre de l'Estoile. Quand il s'agit d'un personnage aussi démesuré que le duc d'Épernon, il est bon de consulter tout ce qui peut offrir des traits de caractère et des nuances.

Ce n'est, certes, point dans la Vie du duc d'Épernon, écrite par son secrétaire Girard, qu'on trouve, tel qu'il fut, ce prodigieux mortel.

Girard, s'il eût laissé de côté apologie ou panégyrique, aurait fait acte d'ingratitude envers son patron. A toute époque, comme l'écrit Stendhal, des hommes ont été payés pour ne pas dire la vérité. D'Épernon, outre ses secrétaires, gageait un tas de faiseurs d'éloges. Il faut donc se désaltérer aux sources que la vénalité n'a point troublées, naviguer adroitement sur l'océan de l'imprimerie. La tâche n'est pas mince s'il s'agit des guerres de religion et de la Ligue, — « temps héroïques », affirme Stendhal, idolâtre de l'énergie.

En tentant de ressusciter le dernier et le plus dangereux des Grands Féodaux, j'ai dû m'en tenir aux points capitaux de sa frénétique carrière, de sa vie, de son odyssée tachée de sang et polluée par de répugnantes amours. Mais j'ai fait une large place à la poétique de l'Histoire, telle que la comprenaient Augustin Thierry, Balzac et Mérimée.

Jean-Louis de Nogaret de la Valette, duc d'Épernon, est donc loin d'être « un personnage sympathique », comme on dit au théâtre. L'égoïsme, la trahison, l'ambition introduite jusque dans les alcôves royales, l'ingratitude, le besoin de dominer, de tout écraser autour de lui sont les traits saillants de sa nature. Lui et Henri III, par la volonté du destin, manquent à Suétone, à Tacite et à Juvénal. Mais l'étude du premier comporte un enseignement.

Quoique de tels hommes de proie ne soient possibles que sous la monarchie absolue, ne croyez pas être à l'abri de leurs morsures. Ils ne sont plus rois dans la coulisse, gouverneurs de provinces, proconsuls, ordonnateurs de supplices, spoliateurs à tous les degrés ; mais leur race n'est pas éteinte. Comme tant d'autres, ils ont évolué. C'est dans le domaine de l'économie politique, *sociale, pratique, qu'ils ont transporté leurs gestes. Ils n'empoisonnent, ne poignardent plus pour se barder d'honneurs, ruisseler de dignités, se dorer sur toutes les coutures, mais ils pèsent de tout leur poids sur le pays par le drainage des forces morales, matérielles, et surtout de l'argent. Avant, pendant et depuis ces terribles dernières années, leurs noms hantaient ma pensée, se plaçaient d'eux-mêmes sous ma plume.*

En consacrant ce livre à l'homme qui, parti de rien, posséda tout, s'enrichit des vices d'un roi dont il fut le maire du Palais, complota contre Henri IV, causa des soucis à Richelieu, dormit dans le lit d'une reine, fit épouser à un de ses fils la fille d'un roi et vécut près d'un siècle, j'ai voulu remettre en lumière l'indomptable énergie de la Renaissance et, surtout, montrer jusqu'où l'individualisme peut se hausser, si on ne le bride pas à temps. N'oublions jamais que l'audace de quelques hommes sans scrupules peut imposer de pénibles épreuves à la collectivité. Et puisque, politiquement parlant, nous sommes débarrassés des ducs d'Épernon, veillons à ce que leur petite monnaie n'entre point dans notre vie nationale par d'autres portes.

T. M.

Paris, le 30 novembre 1921.

L'Intrigue dans l'Amour

LIVRE PREMIER

I

Le Languedoc est une des provinces les plus curieuses de France. Entre la Guyenne et la Gascogne, à l'ouest, et la Provence, à l'est, elle constitue notre centre méridional. Son passé historique est à la hauteur de sa fertilité. C'est le pays du Gay Sçavoir, des *cantadours*, poètes et musiciens, auxquels s'ajoutent d'admirables architectes et tailleurs de pierre; mais c'est aussi un pays de guerriers et de légistes. Toulouse, la savante, avec son antique université et ses innombrables écoles, fut au moyen âge un des plus ardents foyers intellectuels du Midi.

De là, une race belle, fière, courageuse, propre aux combats comme à la pratique des lois. Aussi, lorsque la croisade s'abattit sur les Albigeois, telle une trombe, ravageant tout sur son passage, la résistance fut héroïque. De 1208 à 1213, date de la bataille de Muret, les vainqueurs déployèrent une cruauté que l'histoire a justement flétrie. A Muret, les Latins perdirent la Gaule : ils l'ont reconquise par d'autres moyens. La défaite du roi Pierre d'Aragon décida du sort politique du Languedoc et de la Provence, alliés aux Catalans.

Les Albigeois, soit dit en passant, associaient la foi chrétienne au luxe et au plaisir, vivant pour eux et non pour le voisin. Ce fut une hérésie aimable, c'est-à-dire artiste et poétique. A coup sûr, on ne saurait en dire autant de celle que prêcha Luther.

Au nord-est de Toulouse, une portion de ce territoire tant choyé de la nature montre une énergie, une abondance de sève plus accentuées qu'ailleurs. Le quadrilatère formé par les villes de Lavaur, Revel, Villefranche-de-Lauraguais et Toulouse symbolise à merveille le Languedoc médiéval. La lutte contre Simon de Montfort et ses féroces croisés y fut longue, vaillante et habile, d'où, pour les vaincus, de terribles représailles.

Non loin de Revel, vous rencontrez le petit village de Nogaret, ainsi baptisé par ses anciens champs de noyers. C'est de là que sortit une fameuse maison. Un Nogaret y fut brûlé vif par les *loups* de Montfort; et son fils dut abjurer sous la menace du bûcher. Privé de ses biens, ce *patarin*, converti de force, comme tant d'autres, à commencer par les comtes de Foix et les seigneurs du Lauraguais, se réfugia à Saint-

Félix-de-Caraman, où sa femme lui donna un fils, vers 1250 : Guillaume de Nogaret, le fameux chancelier de Philippe le Bel.

Professeur de droit, juge-mage à Toulouse, considéré comme le plus brillant jurisconsulte du Midi, Guillaume avait une revanche à prendre. On sait comment il se comporta à l'égard du pape Boniface VIII. Mais les historiens italiens ont exagéré la brutalité avec laquelle il remplit sa mission. Il n'en fut pas de même lors de l'affaire des infortunés Templiers, qui nous donne la clé des caractères du chancelier et de son royal compère.

Les descendants de Guillaume de Nogaret, désormais chevaliers, devinrent peu à peu d'ardents catholiques. Ils portaient : *d'or au noyer de sinople.* Leur patriotisme s'affirma après la défaite de Poitiers, quand les états généraux du Languedoc, siégeant à Toulouse, en 1357. accordèrent au dauphin de France les subsides nécessaires à l'expulsion des Anglais. Les Nogaret sont ensuite tabellions, avocats, parfois capitouls. Ils ont quitté le hameau familial pour s'établir au bourg de Lavalette, le pays des belles pêches et des jolies filles, aux portes de Toulouse. Ils ajoutent à leur nom celui de ce très modeste fief. La création du parlement de Toulouse, en 1443, consacra leur réputation d'hommes de loi. Ils résident ordinairement à Toulouse; la gentilhommière de Lavalette n'est plus que leur maison des champs. Enfin, sous François Ier, le sang de « leur grand ancêtre » se réveille. Pierre de

Nogaret de la Valette prend figure de noble d'épée, ce qui donne à la famille son caractère définitif.

Le hoqueton de guerre remplaçant la toge, il suffira de soixante ans pour que ces petits gentilshommes cultivent toutes les ambitions en la personne de Jean-Louis, duc d'Épernon ; ils pillent le trésor public, partagent le pouvoir royal avec Henri III, se glissent dans le lit des princesses, trahissent Henri IV, le prennent de haut avec Louis XIII.

Un de leurs cousins, Jacques de Nogaret, trois fois capitoul de Toulouse, fut anobli en 1372. Aussi Busbecq, ambassadeur de l'empereur Rodolphe auprès d'Henri III, conteste-t-il l'origine militaire du duc d'Épernon. Mais le savant auteur de l'*Histoire du Languedoc*, dom Vaissette, a prouvé que le duc descendait en droite ligne du chancelier de Philippe le Bel.

Une branche collatérale, non éteinte de nos jours, les Nogaret, porte : *d'or au noyer de sinople, au chef d'azur chargé de trois étoiles d'argent.* A cette branche appartenait le colonel de Nogaret, qui fut si bien rabroué par Louvois, pour la mauvaise tenue de son régiment.

Je me suis peut-être avancé en disant que Pierre de Nogaret de la Valette prit figure de noble d'épée, puisqu'on affirmait qu'il avait été notaire. Si son logis toulousain s'orna de panonceaux, il leur dut d'acquérir quelque fortune. Grâce à lui, la famille quitta Toulouse et Lavalette pour s'installer à Caumont, à dix kilomètres de Lombez, c'est-à-dire en Gascogne. Pierre acheta cette terre, admirablement placée, et fit construire, en 1530, le magnifique château de Caumont, qui existe encore aujourd'hui et appartient à M. le marquis de Castelbajac. Il y mourut en 1553.

Son fils, Jean, alla épouser, le 17 septembre 1551, Jeanne de Saint-Lary, fille du sénéchal de Toulouse, bonne et pieuse femme, très attachée au pays natal, puis au château de Caumont, où son mari revint se préparer au métier des armes.

Jean Ier de Nogaret de la Valette ne manifesta à aucun moment de sa vie les qualités négatives, l'effrénée ambition, l'audace, qui ont rendu son second fils si tristement célèbre et l'ont fait le personnage le plus équivoque des xvie et xviie siècles.

Jean fut un honnête gentilhomme, bon catholique, dévoué au roi, toujours prêt à payer de sa personne, l'épée au poing. Ce rejeton du vieil arbre albigeois devient, à partir de 1562, lors de la première guerre civile, quand Jeanne d'Albret soulève contre Charles IX les protestants du Midi, un des meilleurs soldats du parti royal. Simple chevau-léger, puis cornette, il fit la guerre en Gascogne avec Blaise de Montluc, excellent connaisseur en bravoure, qui fait maintes fois son éloge dans ses *Commentaires*. La paix d'Amboise pendit au croc son épée pendant quatre années. Mais, en 1568, il alla rejoindre en Poitou, comme capitaine, l'armée du duc d'Anjou, le futur Henri III, lieutenant général du royaume. Jean de la Valette et ses chevau-légers se distinguèrent à Jarnac, où Condé trouva la mort, et plus encore, le 3 octobre 1569, à la bataille de Moncontour.

Il retourne en Gascogne comme mestre de camp. Lui et le comte de Candale amènent à Montluc dix *cornettes,* ou compagnies de cavalerie, en vue d'empêcher Coligny de se joindre à Montgomery, aux environs de Toulouse. En 1570, Catherine de Médicis lève contre les huguenots une armée formidable qui rassemble l'élite des officiers supérieurs, parmi lesquels Jean de Nogaret. Il se conduit vaillamment à Arnay-le-Duc. Charles IX et sa mère le récompensèrent bientôt de ses services.

En 1574, Charles IX divise en deux gouvernements la province de Guyenne. Jean de Losses reçoit la Haute-Guyenne, et Jean de la Valette est chargé d'administrer la Gascogne. Montluc bougonne un peu contre ce partage, mais rend justice aux talents variés de son compagnon d'armes.

Deux ans après, Henri III donna la Guyenne entière au roi de Navarre, son beau-frère. Mais Jean de la Valette était mort le 19 septembre 1575, laissant une médiocre fortune. Aujourd'hui, dans la salle des *Illustres,* au Capitole de Toulouse, on s'arrête volontiers devant le buste de ce brave, sous lequel une inscription latine constate « sa remarquable grandeur d'âme et son grand courage militaire ». Hommage mérité !

De son mariage, contracté de bonne heure, Jean Ier de la Valette eut trois fils, Bernard Ier, Jean-Louis et Jean II, et trois filles, Hélène, Catherine et Anne. Cinq de ces enfants arrivèrent à tenir une place enviée à la cour; mais la vie de Jean-Louis équivaut au plus diabolique des romans.

Jean de la Valette, vivant presque tout son temps à la guerre, ne put apprendre à ses fils que les armes et l'équitation. Le plus jeune des trois garçons, Jean II, passa à Caumont sa courte existence. Mais l'avenir de ses aînés, Bernard Ier et Jean-Louis, exigeait une culture étendue. La cour de France était la plus lettrée de l'Europe. En 1567, les deux aînés La Valette partirent donc pour Paris, accompagnés de leur gouverneur, un vieil officier mutilé, nommé Girault de Mauléon.

Ils passèrent, au collège de Navarre, trois années consacrées à de peu brillantes études, surtout par Jean-Louis. Subitement, en 1570, tous deux quittent Paris pour aller faire leurs débuts militaires auprès de leur père, dont le petit castel ancestral de Lavalette vient d'être saccagé par les huguenots. De collégiens, les deux jeunes gens deviennent tout de suite soldats.

En 1572, Bernard Ier (né en 1553) servait sous les ordres du marquis de Villars, amiral de France. Il se pourrait que son père, deux ans plus tard, l'ait envoyé à Lyon pour y saluer Henri III, qui renonçait à la couronne de Pologne. Catherine de Médicis attendait avec impatience son fils préféré. Le roi se fit couronner à Reims le 13 février 1575, puis épousa, deux jours après, la pieuse Louise de Lorraine, fille du comte de Vaudemont. A partir de ce moment, Bernard Ier serait gentilhomme de la chambre en atten-

dant de prendre rang parmi les mignons. La carrière
de son cadet fut autrement accidentée et orageuse.

II

Jean-Louis de Nogaret de la Valette, né au château
de Caumont, en mai 1554, passa donc par le collège
de Navarre.

Les services de son père lui valurent d'entrer, à dix-
huit ans, au régiment des gardes françaises en qualité
de cadet, sous le nom de *Caumont*. On connaît les privilèges dont jouissait cette troupe d'élite, approchant
souvent de la personne royale, pouvant recevoir ses
ordres et, par là même, destinée à un certain avenir
militaire.

Dans la même compagnie de gardes se trouvait un
autre cadet, joyeux compère gascon, qui devait être
un jour le maréchal Antoine de Roquelaure et la gaîté
vivante de la cour d'Henri IV. Jean-Louis contracta
une étroite amitié avec lui, quoique Antoine fût son
aîné de dix ans et appartînt à *la vache à Colas*.

Mais, entre jeunes hommes, on n'y regardait pas de
si près. Le Louvre regorgeait de protestants, comme
plus tard la cour de Nérac abonda en catholiques.
Jean-Louis, dont l'égoïsme et l'indifférence sont restés mémorables, demeura fidèle à cette camaraderie

jusqu'à la mort du brave maréchal, d'où ce dicton bordelais : « MM. d'Épernon et Roquelaure, *qui toque l'un toque l'autre*. » Lorsque Henri de Navarre épousa Marguerite, Roquelaure passa comme lieutenant aux gendarmes de Navarre, dans la compagnie du capitaine Lavardin. Ces gendarmes, presque tous cadets de Gascogne, on les appelait, à la cour, « les Gascons d'un roi qui avait plus de nez que de royaume ».

Le 22 août 1572, quand Maurevel, *le tueur du roi*, tenta d'assassiner Coligny, deux compagnies de gardes françaises furent de service autour du logis de l'amiral. Le régiment, en l'absence de son colonel, Philippe Strozzi, alors en congé, était commandé par M. de Cosseins, une des remarquables brutes de l'époque, un de ces hommes qui, en tous temps et tous pays, déshonorent par leur cruauté la profession des armes. Il fallait en finir avec Coligny...

Deux jours après éclata l'exécrable Saint-Barthélemy. Mérimée la considère comme une insurrection parisienne, provoquée par l'attitude des huguenots. La cour, selon lui, — et il n'a peut-être pas tort, — suivit le mouvement plutôt qu'elle ne l'ordonna.

Le cadet Caumont, cette nuit-là, ne prit point part au massacre. Lui et son frère étaient en Bourgogne.

A côté de Tavannes, les serviteurs des Guise se distinguèrent par leur férocité. Coconnas racheta trente huguenots pour les faire mourir « à son plaisir ». De Thou estime à deux mille le nombre des morts de la première journée; mais d'Avila croit qu'il y en eut dix mille, à Paris, pendant les trois journées. Entre

Chaillot et Saint-Cloud, on retira de la Seine dix-neuf cents cadavres. On a encore les quittances des fossoyeurs. Temps hideux, l'horreur de notre histoire !

Pourquoi Caumont-La Valette fut-il associé à ce crime alors qu'il était absent de Paris? En 1576, aux portes de la Rochelle, les protestants l'accuseront, à tort, d'avoir giboyé à la Saint-Barthélemy; et Jean-Louis changera son arme d'épaule.

La France et surtout Paris offraient un singulier spectacle. Le xvi⁰ siècle, âge de violence et d'énergie, de vice et de vertu, de crime et de talent, portait les passions humaines sur un échelon d'où elles sont pour jamais descendues, « au profit de la tranquillité et peut-être du bonheur ». La Renaissance enterrait le moyen âge et préparait l'ère moderne. L'influence de l'étranger sur nos mœurs est très sensible, mais c'est surtout dans la politique qu'elle s'affirme. Si le roi de Navarre lit Plutarque et Montluc, Henri III se délecte avec *le Prince*. Machiavel est sa seconde Bible. Catherine de Médicis — génie net, lucide, patriote dans le vrai sens du mot — avait à faire tête de tous côtés. Gardienne de la royauté, et n'étant pas toujours la plus forte, elle demandait à la ruse les bénéfices d'une guerre heureuse.

Après les sanglants assauts dont ils venaient d'être victimes, par la cour associée au peuple de Paris, alors extrêmement fanatique, les protestants coururent naturellement aux armes. La Rochelle devint leur citadelle. Biron en commença le siège. La Noue *Bras-de-Fer* défendit admirablement la place. En février 1573, une armée confiée au duc d'Anjou, — à la grande colère du roi, qui détestait son cadet autant que leur mère l'adorait, — se proposa de prendre la ville.

Le brave Philippe Strozzi, proche parent de la reine-mère, remplaça le féroce Cosseins à la tête du régiment des gardes. Caumont-La Valette et son frère le suivirent à ce long et pénible siège : il prit fin, en juillet 1573, par une paix boiteuse. Caumont eut l'occasion, entre deux assauts, de voir de près le duc d'Anjou. Le jeune roi de Navarre et le prince de Condé avaient été amenés devant la Rochelle par l'impérieuse volonté de Catherine, pour les compromettre aux yeux des protestants. Henri de Guise y était aussi.

Caumont et l'armée catholique eurent l'ironique plaisir de voir le futur Henri IV faire le coup de feu contre les huguenots. Henri, en qui bouillonnait déjà l'homme de guerre, usait volontiers d'une magnifique arquebuse de Milan, — douce, légère, toute dorée, — prêtée par Brantôme. On campait dans la boue. Strozzi fut blessé; Brantôme alla le relever au milieu des morts. La Rochelle eut donc sous ses murs *les trois Henri*, — Valois, Guise, Bourbon, — les trois perpétuels ennemis, alliés d'un instant, qu'on voyait jadis jouer ensemble au ballon dans la cour du collège de Navarre.

Le duc d'Anjou, en apprenant que la Pologne l'élisait roi, quitta l'armée, soulignant ainsi l'insuccès du siège.

Jean-Louis de la Valette revint de la Rochelle dans un état d'esprit tout particulier. L'ambition s'éveillait en lui, âpre, irraisonnée, irrésistible. C'était alors un petit officier de dix-neuf ans, à moustaches noires et teint basané, ni beau, ni laid, de taille moyenne, mais bâti à chaux et à sable, rompu à la fatigue, excellent cavalier, nullement dépourvu de qualités militaires. Élégant et coquet dans sa tenue, sans pousser cette élégance et cette coquetterie au point qu'elles atteignirent sous Henri III, on pressentait en lui le compagnon des coups de force, — des *coups de chien*, comme diront les grognards de Napoléon.

Il conservait l'accent du terroir natal dans toute sa pittoresque saveur. Chose remarquable, les Parisiens ne se moquaient nullement alors des accents provinciaux, habitués qu'ils étaient à entendre jargonner un peu partout italien, espagnol, gascon, provençal et picard.

En attendant l'aubaine de quelque faveur, Jean-Louis alla passer la fin de l'année à Caumont, auprès de sa mère, qu'il semble avoir beaucoup aimée. Rentré à son quartier du Louvre, il se demanda quel maître il servirait : Charles IX, mourant de consomption, Henri de Navarre, dont le parti accueillait tous les talents, ou François de Valois, duc d'Alençon, qui succéderait à son frère, au cas où le duc d'Anjou demeurerait roi des Sarmates.

Il fallait aussi compter avec le duc Henri de Guise, qui passait pour avoir été l'amant de Marguerite de

MARGUERITE DE VALOIS, REINE DE NAVARRE.

(D'après un crayon de Clouet. Bibliothèque nationale.)

Valois, et qu'on savait décidé à venger la mort de son père. Dix ans auparavant, Poltrot de Méré avait assassiné François de Guise, le premier *Balafré*, pour la plus grande joie de Coligny et des huguenots[1].

Tout compliquait la situation, dominée toutefois par le génie de la reine-mère, bien servie, à des degrés différents, des Italiens qui l'avaient suivie chez nous : Gondi, Birague, Fiesque, Strozzi, Zamet, Ruggieri, Sardini, Ruccelaï.

Au XVIe siècle, tout le monde lutte pour la vie et l'amour, l'or et la vanité, la vengeance et la gloire, l'importance et le plaisir, et se fait crayonner ou peindre par Clouet. A parcourir l'œuvre de cet admirable artiste, on a la sensation de vivre avec ses modèles : ils sont tous là les ruffians et les braves, les cocus volontaires et les assassins par jalousie, les *mignons*, qui se disputent un sourire du maître, les ambitieux, qui intriguent pour un commandement, les dépravées et les coquettes qui se font de leurs charmes un marchepied. Bravoure, énergie, audace chez les hommes ; curiosité, satiété, raffinements dans l'esprit et sur le corps, chez les femmes ; tels sont les traits les plus saillants de cette incomparable galerie humaine. Le *potiron* du Guast y coudoie le beau Bussy d'Amboise ; Marguerite de Valois semble chercher des yeux un amant sous les voûtes du Louvre ; Entraguet menace d'avance Quélus ; et Mme de

---

1. Coligny publia plusieurs apologies de cet assassinat, ce qui jette un singulier jour sur sa mentalité.

Cœuvres suppute combien d'or lui vaudra la vente d'une de ses filles...

L'officier Jean-Louis de Nogaret regarde ces gens aller et venir, fait son profit de leurs propos, de leurs attitudes. Caumont est bien loin, à vivre au Louvre, à Saint-Germain, à Blois, à Chenonceaux! Pour qui sent s'agiter en lui une flamme noble ou malsaine, l'époque est belle! Il faut hurler avec les loups et savoir se servir des louves.

Depuis la Saint-Barthélemy, l'existence de Charles IX était une course à la mort. Ce passionné chasseur et sonneur de trompe, poète à ses heures, malade de corps et d'esprit, laissait Catherine régner à sa place, transportant son agonie du Louvre au château de Vincennes, et de Vincennes à Saint-Germain.

Catherine, supérieure à son sexe, mettait l'intérêt de la monarchie au-dessus de tout. Les grands caractères du temps — L'Hospital, de Thou, Montaigne, Harlay, Molé, La Noue, d'Aubigné, Bernard Palissy — ne se sont point mépris sur cette lutte. L'Italienne voyait huguenots et guisards s'agiter, chuchoter jusque dans les antichambres du Louvre. Une vague amitié, née de la communauté du malheur, unissait Henri de Navarre au duc d'Alençon; et ce rapprochement, dont elle pénétra le but, inquiétait Catherine. D'autre part, Henri de Guise — le plus bel homme de la cour avec Boniface de la Mole — augmentait, chaque jour, le nombre de ses clients. A ce moment, en février 1574, éclata le complot dit des *jours gras*, étiqueté par les mémoires du temps « complot de la Mole et Coconnas ».

Les associés de l'entreprise y suivaient quatre chemins : déposer Charles IX ; proclamer et sacrer roi le duc d'Alençon ; exiler ou supprimer la reine-mère ; donner au roi de Navarre la lieutenance générale du royaume. Le duc d'Anjou dansait au loin et courait les filles. On lui objecterait que sa royauté de Pologne annulait tous droits pour lui au royaume de France. Guise serait muselé de force. Pour plus de succès, on convenait de mettre le culte réformé et le culte catholique sur le pied d'égalité.

Le duc de Bouillon, les maréchaux de Cossé et de Montmorency trempaient dans l'affaire. Mais les principaux agents d'exécution avaient noms Boniface de la Mole et Annibal de Coconnas, tous deux gentilshommes du duc d'Alençon.

Le premier, Provençal de très belle mine, *baladin de la cour*, superstitieux, grand avaleur de messes pour expier ses débauches, couchait avec la reine Marguerite ; elle ressentit pour lui une véritable passion. Cette liaison lui valut la haine de Charles IX. L'année d'avant, il donna l'ordre d'étrangler cet impie notoire. Quant à Coconnas, c'était une espèce de condottière, un Piémontais, venu en France dans les bagages de Catherine. Il se disait comte et avait pour maîtresse Henriette de Clèves, duchesse de Nevers. Au fond, un aventureux, un sceptique, un jouisseur.

Le complot débuterait le 10 mars, à Saint-Germain, par l'enlèvement du roi de Navarre et du duc d'Alençon, hôtes de la cour, qu'on proclamerait chefs de la rébellion. Un des associés, Guitry, fit du zèle et se mit en mouvement le 20 février. Sur quoi, La Mole *saigna du nez*, fut pris d'une belle peur, alla tout révéler à la reine-mère... On arrête Alençon et Navarre; la reine-mère les fait monter dans son carrosse; et l'on gagne le château de Vincennes. Le roi va se mettre au lit, exténué, ahuri.

Montmorency et Cossé s'en tirèrent avec quinze mois de Bastille. La Mole et Coconnas, honorés d'un long procès dans l'espoir de révélations, furent décapités, en Grève, le 30 avril, en compagnie d'un obscur comparse nommé Tourtel.

Les dernières paroles de La Mole ne démentirent point sa vie. *Mollis vita, fuit mollior interitus.* — « Recommandez-moi bien, dit-il à son confesseur, aux bonnes grâces de la reine de Navarre et des dames. » — Voilà comment un courtisan, sous les Valois, opérait sa suprême *sortie*, quittait la scène : en ne pensant qu'à ses amours. Sauval et *le Divorce satyrique* affirment que Marguerite et Henriette, éplorées, arrachèrent du poteau les têtes de leurs amants et les emportèrent en carrosse jusqu'à la chapelle Saint-Martin, près Montmartre, où ces chefs sanglants furent inhumés.

Ce tragique complot fit réfléchir Jean-Louis de Nogaret, excita l'esprit d'aventure auquel sa nature le portait. Son ami Roquelaure ne lui cacha point que le parti de Navarre finirait par avoir le dernier mot, d'Alençon n'étant point de taille à mener les affaires.

Le cadet de Gascogne se dit que, dans un pays comme la France, une cour comme celle du Louvre, on arrivait à tout par les femmes autant que par l'épée. Vénus pouvait donner des grades au même titre que Mars.

Il y a, en effet, dans le complot des jours gras, autre chose que de la politique. Les femmes y jouent un rôle secret mais considérable. La Mole, qu'en d'autres temps on eût gracié pour sa révélation, fut coupé en quartiers. Il est difficile de ne point voir, en ce supplice raffiné, une vengeance de Charles IX. Il haïssait à mort ceux qui *muguetaient* sa bonne sœur Margoton, fussent-ils décoratifs comme Henri de Guise, ou de second plan comme La Mole. Au reste, le baladin, l'infatigable promeneur des vergers de Cypris, avait sur la conscience trop de galantes infidélités pour qu'à la haine du roi ne se joignît point celle, plus acérée, des dames. Or, le xviᵉ siècle est, par excellence, le siècle de la Femme. Elle règne ; elle est partout, mêlée à tout. Il faudra la Régence et le règne de Louis XV pour qu'elle retrouve une domination semblable à celle qu'elle exerça de 1515 environ à 1610.

Il est hors de doute que la baronne de Sauve, dame d'atours de la reine Catherine, était l'âme, le centre de beaucoup d'intrigues. Cette dame, de tempérament tumultueux, hospitalier, se faisait *servir* (adorable euphémisme !) à la fois par le duc d'Alençon, le roi de Navarre, le duc de Guise et du Guast. — c'est-à-dire qu'elle couchait avec tous les chefs de partis, lesquels ignoraient, ou feignaient d'ignorer que leur remuante maîtresse dirigeait la police secrète de la mère du roi.

J'ai sous les yeux le portrait de Mme de Sauve. L'ensemble de la physionomie accuse une dépravation. C'est bien la fille d'un temps qui poussa la corruption jusqu'à la fureur. (N'oubliez pas que le fameux Bussy d'Amboise, *le beau Bussy* de la reine Marguerite, était le mignon, le giton du duc d'Alençon.) Sans aucun doute, Mme de Sauve possédait des talents d'alcôve qui faisaient d'elle un précieux gibier d'amour, en dépit de sa poitrine plate.

Par un manifeste habilement rédigé, — paiement de la liberté que lui laissait son époux, — Marguerite prit la défense du roi de Navarre. De Vincennes, Alençon et lui furent transférés au Louvre. Mais Catherine fit griller les fenêtres des galeries basses, où logeait Henri. Les deux beaux-frères, en jouant à la paume ou élevant des cailles, méditaient déjà une fuite.

Henri III régnait depuis le 30 mai 1574. Dégoûté des Sarmates, il nous revenait par Lyon. Couronné à Reims en février 1575, marié deux jours après, il félicita sa mère pour son habile régence, tout en rêvant petits chiens, singes et perroquets... Mais, le 15 septembre, François de Valois, maintenant *Monsieur* et duc d'Anjou, s'échappait du Louvre et de Paris à la barbe des Suisses qui le gardaient, pendant que le roi de Navarre, aiguillonné par l'âpre d'Aubigné, s'apprêtait à en faire autant.

Jean-Louis de Nogaret ne put obtenir de la protection du duc de Guise la survivance des charges de son père.

Henri III avait fait du Guast colonel des gardes. Ce du Guast, tant brocardé de la reine Marguerite, mêlé à beaucoup de basses besognes et fort détesté, fut assassiné chez lui, rue Saint-Honoré, par un agent du parti de Guise. Jean-Louis profita de l'occasion pour quitter le régiment et suivre le roi de Navarre, toujours sous le nom de Caumont, masque léger, facile à soulever.

Le roi de Navarre, « ayant jetté les yeux sur ce qui « lui estoit plus fidèle, il emmena le comte de Gram- « mont, Caumont, fils de La Valette et depuis duc « d'Espernon, Chalandrai, le Mont-de-Maras et Pou- « dins, ou pour les engager à son parti, ou pour di- « minuer les amis de la cour ». On traversa la Beauce, parsemée de chevau-légers ; on atteignit Alençon, où l'on fut rejoint par deux cent cinquante gentilshommes ; on passa la Loire. Mais, quand on arriva devant la Rochelle, il fallut déchanter.

La paix bâclée, le 6 mai, par Monsieur, donnait au roi de Navarre le gouvernement de Guyenne, Aunis et Saintonge. Henri devait donc une visite aux Rochellois.

Les rescapés du Vingt-Quatre Août s'étaient réfugiés dans la Rochelle après avoir laissé sur le pavé de la rue Béthisy, dans la cour du Louvre, sur les quais et dans les flots de la Seine des milliers des leurs. Leur place de sûreté avait subi un siège de plusieurs mois, ce qui n'était pas pour diminuer les rancunes. Certes, les Rochellois reconnaissaient Henri pour le chef du parti réformé, que François de Valois séparait seul du trône. Mais, en apercevant de leurs remparts la petite armée du Béarnais, où l'on comptait aussi des catholiques et des « massacreurs », les échevins fermèrent les portes et demandèrent au roi de Navarre de leur envoyer la liste nominative de ses compagnons.

Henri, sans nul embarras, fournit cette liste. Parmi ceux des personnages qui avaient porté au chapeau la croix blanche, « joué du couteau » à la Saint-Barthélemy, ou pris part au siège de leur ville, en 1573, un nom attira l'attention des Rochellois : celui de *Caumont, fils de Jean de la Valette*, c'est-à-dire fils d'un ennemi acharné des protestants. On refusa formellement à Jean-Louis l'entrée de la ville... Fort marri et penaud, il reçut les regrets du roi de Navarre, à qui il attribua, bien à tort, son exclusion, et dont il lui garda une féroce rancune tant qu'il vécut.

Toujours ami de Roquelaure, et sans rompre, en apparence, avec le Navarrois, le futur d'Épernon prétexta la mort récente de son père pour se rendre à Caumont, puis entra au service du nouveau duc d'Anjou. Maugiron, Mauléon, Livarot et autres jeunes écervelés, *raffinés*, coureurs de duels, braves, élégants, mais déjà pourris de vices, l'accueillirent à bras ouverts en août 1576.

Jean-Louis s'engagea pour cinq cents livres parisis d'appointements annuels, ce qui représentait le traitement payé par les princes du sang aux gentilshommes de leur maison. Mais on sait par les mémoires de la reine Marguerite, et probablement grâce à Bernard Ier de la Valette, qu'Henri III se souvint du petit cadet entrevu au siège de la Rochelle. Il le tenait pour brave, propre à bien servir ; aussi le fit-il « practiquer » en vue de l'enlever à Monsieur et de l'admettre parmi ses *mignons*. Le mot, nouveau à cette époque, commença *à trotter par la bouche du peuple*, dit Pierre de l'Estoile, *en 1576*. Le populaire se vengeait ainsi de ces mamelucks d'alcôve, de leurs façons hautaines et malpropres.

Catherine et le roi avaient pourtant de cruels soucis. Cette même année, Henri de Guise, maintenant redoutable, fondait la Sainte Ligue pendant que son frère le cardinal de Lorraine travaillait le clergé. Henri III aurait pu profiter du répit que lui offraient la fin de la sixième guerre civile et le traité de Bergerac ; mais il vivait pour ses vices. La faveur des mignons allait battre son plein...

En 1577, Jean-Louis courtisait les filles d'honneur de la reine Catherine. Il attira l'attention d'Henri III aux sièges de la Charité et d'Issoire, où se trouvait aussi le frère du roi. Le 15 mai, il est invité à Chenonceaux et assiste au fameux banquet des femmes nues en compagnie des mignons. Vers cette époque, il quitta son surnom de *Caumont* pour reprendre le nom paternel.

III

Les exercices de ces impudents favoris étaient le jeu, le blasphème, la danse, les querelles, les rencontres armées au Pré-aux-Clercs et au Marché aux-Chevaux. Sur leurs cheveux frisés et refrisés, ils portaient des bonnets de velours et, autour du cou, des *fraises* de toile empesées, — ce qui offrait l'aspect d'une tête coupée. La plupart avaient des pendants d'oreilles, qui coûtaient cher à leur royal amant. Selon la fantaisie du moment, cet amant leur servait d'épouse. Tous affectaient, dans la rue, de marcher comme les femmes, d'imiter la douceur de leur voix, la grâce canaille de leurs mouvements.

Quelque penchant secret préparait-il Jean-Louis à sa honteuse carrière? Toujours est-il que, répondant aux invites du roi, il abandonna le duc d'Anjou et fut reçu par Henri III, dans son dégoûtant escadron, à la fin de l'année 1577. Il n'avait pas vingt-quatre ans.

Jean-Louis adopta tout de suite les habitudes de la maison; il se farda le visage, se parfuma de poudre violette, et, sur sa tête, la *rattepenade* du mignon remplaça les plumes de l'officier.

1. Mot provençal qui signifie *chauve-souris* et caractérise bien cette coiffure.

Mettons-nous en règle avec le troupeau des ganymèdes ; malgré la nausée que font éprouver ces mœurs imitées de Byzance, entrons dans la chambre du roi après avoir constaté que ce sérail masculin, s'il exaspérait le peuple par ses pilleries, ses rapines, ses infamies sans nombre, amusait, hélas ! plutôt la cour.

La reine Louise, pour qui la fidélité et l'obéissance au mari étaient des dogmes, s'indignait en silence. Henri III avait acheté à son intention le château et la terre d'Ollainville.

Catherine, la femme aux vastes projets, maudissait les mignons. Mais, pour surveiller le roi, le guérir de ses vices, elle assistait aux bals, aux fêtes, toujours vêtue de noir depuis la mort de son « cher Henri », — qui lui préférait, à la face de tous, Diane de Poitiers, avant et pendant ses grossesses. Les courtisans riaient à plaisir à chaque incartade des mignons.

L'histoire a gardé les noms de seize de ces drôles, en outre du nom flamboyant de d'Épernon. Selon Sully, il faut effacer de cette liste Gilles de Souvré et Bernard Ier de la Valette. Le frère aîné de Jean-Louis eut une attitude qui commande une réelle estime. Son talent militaire l'emportait sur celui de son cadet, et l'homme avait le sentiment de sa valeur. En beaucoup de questions, les deux frères ne furent point d'accord. Bernard vécut plusieurs années à la cour, ne refusa point de soutenir l'ambition de Jean-Louis. Mais, ni au Louvre, ni à Saint-Germain, ni à Blois, — où Sodome et Gomorrhe eurent des succursales, — Bernard n'avilit jamais la dignité humaine.

Approchons-nous de la fange en demandant pardon au lecteur de l'y conduire ; pénétrons dans ce qu'un pamphlet du temps nomme *l'Isle des Hermaphrodites*. Ma liste, d'accord avec celle de Sully, comprendra seulement les premiers rôles. L'oubli enveloppe les figurants.

René de Villequier était gentilhomme de la chambre. En 1577, au château de Poitiers, où il logeait avec le roi à titre de favori, sous prétexte d'infidélité il poignarda sa femme et la demoiselle qui lui tenait le miroir. Double crime resté impuni.

Philibert-Antoine de Gramont, comte de Guiche, Gascon, épousa la belle Diane d'Andoins (Corisande). Après avoir servi Henri de Navarre, il passa au service d'Henri III, et fut tué, en août 1580, au siège de la Fère. Le Béarnais consola sa veuve.

Roger de Saint-Lary, duc de Bellegarde, cousin du duc d'Épernon, fut l'amant heureux de Gabrielle d'Estrées avant et pendant Henri IV. A la cour, on le nommait *Feuille morte* à cause de son teint. Grand-écuyer de France sous Henri III, il conserva cette charge sous Henri IV et Louis XIII. Il voulut en conter à Marie de Médicis, mais l'emploi était tenu par Concini.

Jacques-Lévis de Quélus, fils du baron de Quélus, gentilhomme de la chambre, mourut des suites de son duel avec Bussy, en 1578.

François d'Espinay de Saint-Luc, marié à Jeanne de Cossé, racheta son passé par sa bravoure sur les champs de bataille. Grand-maître de l'artillerie, il mourut au siège d'Amiens le 8 septembre 1597.

François de Maugiron, né à Bordeaux, servit d'abord le duc d'Alençon avant d'être chambellan d'Henri III. Il périt dans le fameux triple duel de 1578. Il avait perdu un œil au siège d'Issoire.

Paul Stuart de Caussade, sieur de Saint-Mesgrin, Bordelais, amant de la duchesse de Guise, fut assassiné par les agents de Mayenne, beau-frère de la duchesse, en 1578.

François d'O, surintendant des finances sous Henri III et Henri IV, se fit remarquer par son extra-ordinaire incapacité. Sa mort mit en joie le peuple parisien, qu'il écrasait d'impôts.

Jean d'Arces de Livarot, d'une remarquable inso-lence, fut tué en duel en 1581.

Anne de Joyeuse, sieur d'Arques, premier gentil-homme de la chambre, premier mignon en 1580, blessé la même année au siège de la Fère, marié en 1581 à la sœur de la reine Louise, devint gouverneur de Normandie, amiral de France, général d'armée. De vicomte qu'il était, Henri III le fit duc et pair de Joyeuse. Il fut battu par Henri de Navarre et tué à Coutras en 1587. On l'appelait *le beau danseur*, et pour cause.

Henri de Joyeuse, comte du Bouchage, épousa en 1581 Catherine de Nogaret de la Valette, sœur du duc d'Épernon. Nous retrouverons cet homme, qui eut une existence originale entre toutes, même pour son temps.

Louis de Bérenger, sieur du Guast, colonel des gardes françaises, louche personnage, valet à tout faire. En ses *Mémoires*, Marguerite de Valois le maudit à chaque page et le surnomme *le potiron*. Du Guast fut assassiné dans sa maison en 1575. Une belle canaille.

Lignerolles périt aussi par le poignard.

Mauléon, attaché au duc d'Anjou en 1577, figure parmi les « vaillants hommes » qui entrèrent, la même année, au service d'Henri III.

Jean de Saint-Lary, cousin du duc de Bellegarde, chambellan, et Auguste, baron de Thermes, semblent avoir joué un rôle insignifiant. en dehors, bien entendu, de leurs fonctions spéciales.

Lorsque le Valois jugeait que ses chevaliers d'alcôve, « ses fils », comme il les appelait, avaient fait *leur temps,* il les mariait et les remplaçait par de nouvelles recrues. Le maître exigeait d'eux, après les *esbats* que l'on sait, la vaillance, la bravoure, un dévouement absolu.

Henri III inaugura la série des mariages par celui de Saint-Luc, un des mieux doués de la bande, militairement parlant. La mariée, Jeanne de Cossé, demoiselle de Brissac, n'était point belle, — « bossue, laide et contrefaite », dit L'Estoile. Les noces se firent en grande pompe au Louvre : ballets, festins, chants et musique ; et le roi y dépensa beaucoup d'argent.

François de Valois, peu psychologue, détestait les mignons, qui le brocardaient perpétuellement pour sa laideur et sa petite taille. En apprenant que son frère s'était dispensé d'assister aux noces de Saint-Luc, Henri III fronça le sourcil... Marguerite de Valois soutenait François de toute la force de son caprice incestueux.

Au reste, le dernier fils d'Henri II et de Catherine ne fut qu'un pauvre sire, un fantoche, un irrésolu, dépourvu d'esprit politique, une plume volant à tous les vents. Aucune notion de la patrie n'existait en lui ; ses aspirations le poussaient vers l'étranger : projet de mariage avec la protestante Élisabeth d'Angleterre, la fausse Reine-Vierge, le bourreau de l'imprudente Marie Stuart ; espoir d'une royauté aux Pays-Bas.

Pendant plus de deux siècles, nos rois eurent à leur côté un frère cadet, *Monsieur*, personnage peu décoratif, agaçant, remuant, qui contrecarrait leur politique, empoisonnait leur vie privée, quand il ne conspirait pas ouvertement, ou secrètement, contre eux. C'est ainsi qu'Henri III subit François, Louis XIII Gaston (le plus odieux de tous !), Louis XIV Philippe, et l'infortuné Louis XVI Louis-Stanislas... Aucun de ces quatre turbulents candidats au trône ne se soucia jamais du bon renom de la royauté et des intérêts de la France. Ils clabaudaient et conspiraient ; cela suffisait à leur étroite mentalité.

Si avilis, triomphants, audacieux, que fussent Jean-Louis de la Valette et ses camarades, ils ne s'endormaient pas toujours sur un lit de roses. Des *raffinés*, préférant sacrifier à Vénus plutôt qu'imiter Ganymède, des gentilshommes qu'encoléraient ces basses saturnales, donnaient aux bien-aimés du roi pas mal de fil à retordre. Parmi ces habitués du pré, on cite Charles de Balzac d'Entragues, dit d'Entraguet, amant de la maréchale de Retz, qu'il quitta pour la reine Marguerite ; Bussy d'Amboise, l'homme à l'écharpe colombine, l'adoré de Mme de Montsoreau ; Ribérac, au nom qui fanfare ; et Schomberg, prompt à en découdre. En parcourant le *Discours sur les duels* de Brantôme, on assiste à une infernale levée de rapières et de poignards. Les rencontres armées avaient des règles, mais on ne se faisait point scrupule d'assassiner son adversaire, le sourire aux lèvres.

Notre musée du Louvre contient le tableau d'un artiste inconnu, où l'on saisit sur le vif la cour d'Henri III, à l'heure de la fête. C'est un bal, un peu lourd et trivial. Seigneurs et dames y cabriolent, pendant que, sur une estrade, deux flageolets et deux cornemuses leur envoient le rythme de la pavane, du branle de la torche, ou du *pazzamento*, cadeau italien. Les danseurs se trémoussent comme si le monde allait finir. Catherine de Médicis est là (elle est partout!), grosse dame alourdie par ses soixante ans, l'esprit toujours alerte, parfois gaulois. Aussi sera-t-elle la première à rire en apprenant que les huguenots appellent *Catherine* leur coulevrine du plus fort calibre et la comparent à l'opulente croupe de la reine-mère...

La mort frappait dru sur les mignons, ce qui facilitait l'avancement de Jean-Louis. D'abord gentilhomme de la chambre, La Valette jeune passe mignon en titre, faveur qu'il partage avec Anne, vicomte de Joyeuse, et François d'O, trésorier complaisant aux gaspillages, jouisseur raffiné, fourchette *di primo cartello*, au besoin, ce qui lui suggère l'invention des *tourtes au musc*. Brillat-Savarin eût boudé devant cette hérésie gastronomique. Mais les senteurs les plus véhémentes — eau de rose, jasmin, muguet, poudre violette, peau d'Espagne, bergamotte — parfument les corps et les vêtements masculins autant que ceux des dames. La tourte au musc ne pouvait naître que sous le dernier Valois.

Au reste, on s'empiffre volontiers à la cour. Les vins de Champagne, d'Anjou, de Gascogne, régalaient les videurs de bouteilles, arrosaient les lamproies, les pâtés de lièvre, les coqs de bruyère. On avait servi le premier dindon mangé en France, à la table de Charles IX. Le même roi, en l'honneur de sa gracieuse femme Élisabeth d'Autriche (un merveilleux portrait du Louvre !), lui offrit, un vendredi de mars 1571, un repas où figuraient douze carpes, neuf brochets de trois pieds de long, mille grenouilles. Le 1er août 1572, à Saint-Cloud, alors qu'on discutait sur les moyens d'en finir avec les huguenots, le déjeuner du conseil se composait de trois broches de perdreaux.

Le 27 avril 1578, à cinq heures du matin, à la suite d'une querelle, trois mignons — Quélus, Maugiron, Livarot — se battent avec d'Entraguet, Ribérac et Schomberg... Maugiron et Schomberg, l'un et l'autre âgés de dix-huit ans, tombèrent raides morts. Ribérac mourut le lendemain. Livarot, blessé à la tête, resta six semaines au lit. D'Entraguet s'en tira avec une égratignure. Quélus reçut dix-neuf coups et mourut trente-trois jours après, dans les bras du roi. Il avait vingt-quatre ans.

Henri III baisa les mignons dans leur cercueil, fit couper leurs cheveux, pleura comme une mère aux funérailles, et leur éleva, à Saint-Paul, de magnifiques tombeaux de marbre, ornés d'une menteuse épitaphe.

En ce terrible et ironique pamphlet écrit avec du vitriol : *la Confession de M. de Sancy*, Agrippa d'Aubigné accuse le roi d'avoir collé sa bouche entre « les deux parties honteuses » de Maugiron. On croit lire du Suétone! Nous tombons aux plus mauvais jours de Néron, en attendant qu'Henri III rivalise avec Élagabal. L'impitoyable satirique ajoute que le Valois avait « épousé » Quélus et Roger de Saint-Lary.

Certain jour, où Saint-Lary attendait dans la chambre royale, en vue de l'immonde mystère, le futur duc d'Épernon, le chapeau enfoncé à la manière des mauvais garçons, l'épée à moitié tirée, barra la route à son confrère, jurant ses *Pausardious!* que nul autre que lui ne *servirait* le roi ce jour-là. Toute cette pourriture soulève le cœur; mais on doit tenir compte des horreurs et montrer jusqu'où pouvait aller, chez les ambitieux, la dépravation humaine.

Le 21 juillet 1578, à onze heures du soir, autre tragédie. Le riche et beau Saint-Mesgrin, « mignon fraisé », sortait du Louvre, lorsque subitement, rue Saint-Honoré, vingt ou trente inconnus l'assaillirent à coups de pistolet, d'épée et de coutelas. Il mourut le lendemain. Nouvelles larmes d'Henri III, qui fit porter le corps à l'hôtel de Boissy, puis lui donna dans Saint-Paul le tombeau et l'épitaphe latine de rigueur. Cet assassinat fut organisé par le duc de Mayenne, frère d'Henri de Guise. Entre deux caresses du roi, Saint-Mesgrin couchait avec la belle Catherine de Clèves, duchesse de Guise. On étouffa l'affaire où le piaffant mignon avait laissé sa peau. Lorsque le roi de Navarre apprit la nouvelle, il s'en réjouit fort, ayant, lui aussi, subi et subissant encore la disgrâce de Guise. — « Je sais bon gré à mon cousin, dit-il, de n'avoir pu souffrir qu'un mignon de couchette comme Saint-Mesgrin le fît cocu. C'est ainsi qu'il faudrait accommoder tous les autres petits galants de cour qui se mêlent d'approcher les princesses pour leur faire l'amour. »

On le voit : le métier de mignon, s'il comportait le plastronnage et la piaffe, les faveurs et l'argent du roi, — auquel s'ajoutait souvent l'argent des dames, — ce métier avait ses dangers. Mais les habiles, et de ce nombre était Jean-Louis, évitaient le plus possible les querelles. Guenille, si l'on veut, sa guenille était chère au cadet gascon.

Les vides faits à coups d'épée, dans l'escadron, avançaient sa fortune. Il portait à son cou les petites images de sainteté chères au maître, et se montrait fort complaisant. D'Aubigné ne recule devant aucun détail; son *Sancy* déborde de bile. A la haine politique et religieuse, s'ajoute, chez le pamphlétaire, l'indignation des belles âmes. S'il faut l'en croire, Jean-Louis « aidait à torcher le derrière, offrant au besoin la langue quand le linge demeurait trop à venir ». A ce jeu mal odorant, le giton gagna d'être l'un des quatre grands favoris, avec d'O, d'Arques et Saint-Luc, et de marcher comme tel au cortège d'inauguration de l'ordre du Saint-Esprit, le 31 décembre 1578.

Le roi en était le grand-maître; l'ordre comprenait cent chevaliers. Leur costume ruisselait, étourdissait de luxe. A lire L'Estoile, on est transporté au temps de Justinien et de Théodora, en cette Byzance où l'or et les pierreries coulaient à flots.

Louise de Lorraine-Vaudemont possédait encore une certaine influence. Tout ce qu'on sait de cette reine timide, pieuse, un peu surprise de sa grandeur, dément qu'avant d'être épousée elle ait eu commerce avec un autre mâle. La mentalité du dernier Valois lui interdisait les restes d'un autre, quitte à offrir ses restes à lui.

La reine aimait sincèrement ce roi si peu digne d'elle et déplora toujours, l'innocente! de ne lui point donner d'héritier. Elle ignorait ce dont on se gaussait, au Louvre, dans les boutiques de la rue Saint-Honoré et chez les bateliers du Port-au-Foin : Henri III gardait de ses nuits de Venise un fâcheux souvenir, aggravé par les plaisirs de Paris. L'Estoile lâche le mot tout cru : « la v..... le mangeoit ». Pèlerinages à Notre-Dame-de-Cléry, à Notre-Dame-de-Chartres, neuvaines, processions de pénitents de tout poil et de toute couleur, chapelets à têtes de mort exhibés en pleine rue, prières, images saintes suppliées, flagellations et autres mômeries, ne pouvaient rien changer à l'affaire. Le roi en prit son parti. Il savait que sa jeune femme détestait les mignons, en particulier La Valette cadet, dont elle redoutait la cynique ambition. Pour avoir la paix dans *ses ménages*, Henri III fit cadeau d'Ollainville à la reine. Alors il fut tout à son sérail.

En 1579, Jean-Louis remplit auprès du duc de Savoie une mission dont le succès valut à son frère Bernard le gouvernement de Saluces. Quant à Jean-Louis, il fut nommé, en juin 1580, colonel du régiment de Champagne.

Au commencement d'août, « l'île des hermaphrodites » subit une nouvelle perte. Devant la Fère, Gramont mourut d'une arquebusade qui lui emporta un bras. Il laissait une agréable veuve : Diane d'Andoins. Le roi de Navarre s'accommoda parfaitement de la belle Corisande, femme de cœur et d'esprit, patriote, dévouée au Béarnais.

Jean-Louis assistait à ce siège, sous les ordres du maréchal Matignon, ce qui lui valut le gouvernement de la ville.

Henri III fit Joyeuse duc et pair, donna à d'O les finances, couvrit d'or et de dignités Jean-Louis. Notez que le roi avait sur les bras la septième guerre civile. Cette même année, il voulut enrichir son nouveau favori de treize mille écus, à faire payer par les vingt-six procureurs de la Chambre des comptes. Les procureurs hurlèrent comme des diables contre le roi et le mignon. Clameur telle que Jean-Louis, se donnant des airs généreux, renonça au cadeau royal. Ces écus étaient trop *verts*. Les procureurs paraissaient décidés à vendre leurs charges. Or, entre autres particularités qui le caractérisent, Henri III tremblait toujours de voir les cours souveraines et leurs officiers arrêter le labeur judiciaire. Corsaire du trésor public, il tenait à légaliser ses prises.

Le 24 septembre 1581, le roi fait épouser au duc de Joyeuse la propre sœur de la reine, Marguerite de Vaudemont. On ne dépensa pas moins de onze millions de livres à ces incroyables noces.

Les noces de Joyeuse durèrent dix-sept jours ; chacun comportait un festin offert aux époux par un prince ou une princesse. Hommes et femmes changeaient chaque fois de toilette. Ce fut un formidable déballage de toile et de drap d'or et d'argent « enrichis de passemens, guipures, recameures et brodures ». Ronsard et Baïf reçurent chacun deux mille écus pour leurs poèmes et des livrées en drap de soie.

La mariée était pauvre. En présence de son frère aîné, le duc de Mercœur, le roi lui reconnut cent mille écus d'apport, et s'engagea à payer au marié, en deux années, la coquette somme de quatre cent mille écus « pour sa dot ».

Quand on chapitrait le roi sur ses extraordinaires dépenses : « Laissez, disait-il, je serai ménager après que j'aurai marié mes deux autres enfants. » Il voulait dire par là d'O et Jean-Louis de la Valette. Un

LOUISE DE LORRAINE, FEMME D'HENRI III, REINE DE FRANCE.

(Portrait du temps.)

soir, à Saint-Germain, Brantôme entendit Henri III prononcer un très éloquent discours contre le luxe. A ce moment, du Halde, son premier valet de chambre, commandait à *cent cinquante* valets de chambre subalternes. Le lendemain de sa diatribe contre le luxe, le roi levait un nouvel impôt.

Pendant son service aux gardes, Jean-Louis, très porté pour la jupe, courut les caméristes de la reine et des princesses. Ses hommages montaient maintenant plus haut. Il porta ses vues sur Mme de Carnavalet. Il en devint fort amoureux, la serra de près. Mais, en dépit de la grande faveur dont il jouissait auprès du roi, Mme de Carnavalet lui tint haut la dragée.

Trois ou quatre fois, Jean-Louis lui fit parler par le roi, sans succès. Très épris, très allumé par les beaux yeux de la veuve, il s'adressa à Brantôme, qu'il connaissait depuis la Rochelle. Il le pria, vu sa qualité d'ami, de lui remontrer la faute qu'elle faisait en refusant un parti qui la mettrait au faîte des honneurs, lui, La Valette, étant pour le roi *un second lui-même*. Nouvel échec. Mme de Carnavalet répondit à l'officieux abbé qu'elle préférait à tout sa pleine liberté, en mémoire de ses deux maris, « dont le nombre, disait-elle, l'avait soûlée ».

Pour s'entretenir la main en son métier de marieur, Henri III, le 13 février 1582, au Louvre, fit épouser à Bernard Ier de la Valette Mlle du Bouchage, sœur du duc de Joyeuse. Sans somptuosité, du commandement du roi. Le 21 avril, Hélène, sœur du nouveau marié, épousait, par amour, Jacques de Goth, marquis de Rouillac, sénéchal de la Guyenne[1]. Le 26 novembre 1581, Catherine de la Valette, la plus jolie et aimable des trois sœurs, avait uni sa destinée à celle d'Henri de Joyeuse, comte du Bouchage.

Jean-Louis est duc et pair d'Épernon le 21 septembre 1581.

La ville d'Épernon, en Beauce, avait été érigée en seigneurie féodale par Hugues Capet.

A dater du xiii° siècle, elle compta dans les domaines des rois de Navarre. Henri III l'acheta à son beau-frère le Béarnais. Les lettres royales érigeant la duché-pairie d'Épernon reconnaissaient formellement le duc comme descendant du chancelier Guillaume de Nogaret. Et ceci est à considérer.

Jean-Louis, riche, titré, *très arrivé*, comme on dit de nos jours, avait un intendant particulier, Fontenay-Mareuil, et *une chambre au Louvre*. Il voulut se mettre dans ses meubles. Il acheta un terrain non loin des Halles et commença de faire bâtir l'hôtel d'Épernon, belle et vaste construction, avec écuries et jardins, dont l'entrée principale s'ouvrait sur la rue Plastrière. Il est probable que le jeune architecte du roi, Androuet du Cerceau, fut consulté, si toutefois il ne collabora point au plan de ce magnifique édifice. Quand tout fut terminé, d'Épernon s'y installa avec faste, roulant carrosse, recevant la reine-mère,

---

1. Ils eurent un fils : Louis, marquis de Rouillac, mort en 1662. Leur petit-fils, une espèce de fou, était appelé par les Parisiens *le faux duc d'Épernon* (SAINT-SIMON).

le roi, la cour, ses parents, étourdissant Paris de son luxe, sans qu'on insistât sur les moyens qui le lui avaient acquis. Ses écuries étaient renommées.

Henri III songeait à marier d'Épernon. La reine avait une seconde sœur, Christine, alors âgée de huit ans. Le roi, convaincu que sa femme s'inclinerait devant sa volonté, comme lors du mariage de Marguerite avec Joyeuse, lui proposa d'accepter que Christine devînt un jour duchesse d'Épernon.

La reine s'effaroucha du projet de son époux, se porta garante du refus de son père et de sa sœur, s'opposa nettement à ce mariage. Le duc d'Épernon lui apparaissait comme un personnage effrayant, énigmatique... Henri III n'insista pas; mais, afin de consoler d'Épernon, il lui donna trois cent mille écus, *pour se marier* comme un prince du sang. Christine épousa, à Blois, le 18 décembre 1588, le grand-duc de Toscane, Ferdinand de Médicis.

En février 1583, Henri III maria Anne de la Valette, la plus jeune sœur du duc, à Charles de Luxembourg, comte de Brienne, depuis duc *à brevet*.

En 1582, d'Épernon est l'*archimignon*, l'intime du roi, le canal par où passent les faveurs et les grâces; et l'on commence à trembler devant cet homme, dont l'étonnante ascension surexcite la nature hautaine, insolente, orgueilleuse, la bassesse d'âme. Il ne rêve plus qu'honneurs, dignités, despotisme même, car il tient tête au roi, à de certaines heures. L'homme de proie se montre dans toute sa hideur. Henri III n'ose rien lui refuser. Il pleurniche même quand le duc reste trop longtemps invisible au Louvre ou à Saint-Germain.

Le 31 décembre 1582, d'Épernon avait été fait chevalier du Saint-Esprit, et cette année 1582 lui valut plus de trois cent mille écus de charges.

On croirait le roi envoûté par son *petit cadet*, juché si haut sur l'échelle sociale, au point qu'on entend Henri III dire parfois à ses autres mignons, à ses ministres, « qu'il regrette de ne pouvoir partager son royaume avec lui ». Joyeuse entend le propos, et ne dit rien. N'est-il pas entré dans la duché-pairie par la même porte? Mais le secrétaire d'État Villeroy ne cache pas au maître qu'en Italie même on s'étonne d'une telle amitié. Le roi répond que sa mère a *ses Italiens*, avides et grugeurs, et qu'il est le maître.

Les Italiens, en effet, profitent de tout pour faire leur main. Il en arrive encore de Florence. Sachant le roi joueur, ils lui gagnent, haut la carte, des milliers d'écus. Ouvertement, d'Épernon est le plus considérable personnage du royaume après le roi, les deux reines et Monsieur. Il fait figure de *vice-roi*, et il a sa maison des champs à Fontenay.

A Blois, où réside souvent la cour, d'Épernon achète un hôtel, sur la place même du Château, à côté de l'ancien logis du cardinal d'Amboise, ministre de Louis XII. Il ne veut pas s'éloigner de la splendide maison royale, où Catherine a, dit-on, ses armoires secrètes et le roi son *prie-Dieu*.

Blois exerce sur Paris une espèce d'attraction. Rue Chemonton, Henri de Guise a son hôtel, et le gonflé

Scipion Sardini, banquier de la cour et de la noblesse, notoire tripoteur avec Zamet, possède le sien rue du Puits-Châtel. Chez le banquier, on sent l'homme d'argent, mais chez d'Épernon, c'est le grand seigneur, l'homme qui ne compte pas. Il reçoit parfois le roi, parfois des princes. Sa cave est garnie des meilleurs vins ; et l'on peut voir, dans ses cuisines, une cheminée à trois baies : l'une pour le gros gibier, l'autre pour le moyen gibier, la troisième pour le gibier de plume.

Henri de Guise couve des yeux le château de Blois. Il tient à savoir ce qu'on trame contre lui ; la guerre est ardente entre la cour et la Ligue. Le roi, dès 1576, s'en est déclaré le chef pour diminuer son ennemi. Guise a pris position de maître des ultra-royalistes, de compétiteur ; et l'on commence à répandre, en public, une généalogie qui le fait remonter à Charlemagne. Ses prétentions s'accusent. Quant à Henri de Navarre, le roi a cru le conquérir avec son cordon du Saint-Esprit, mais il ne se laisse pas séduire par les hochets. Il est bien trop fin pour jamais manquer de respect à son beau-frère ; il est encore plus avisé en ce qui concerne le jeu dangereux de Guise, des ligueurs, de ceux qui sont catholiques *à gros grains*. De Nérac, ou de Pau, il étudie d'Épernon sans s'étonner de sa fortune.

Marguerite de Valois, depuis qu'elle a perdu La Mole et Bussy, s'attache à Monsieur, au pauvre héritier dédaigné, méprisé, dont toutes les ambitions s'écroulent comme des capucins de cartes. L'aimat-elle jusqu'à l'inceste? Elle a trouvé des défenseurs; mais les indices sont nombreux contre elle, si nombreux même qu'ils excitent la jalousie du sensuel Henri III.

Le 7 août 1583, au Louvre, le roi reproche à sa sœur ses adultères, le bâtard qu'elle eut avec Champvallon[1], et la chasse de la cour... Les mémoires de la légère Marguerite sont une apologie; son fougueux tempérament, sa soif de plaisir, démentent cette apologie. — « Je la donne à tous les huguenots du royaume, » disait Charles IX en la mariant. — « La dame aux chameaux, » écrit gauloisement son mari. — « Les chaudronniers et les batteurs de cuivre n'ont pu soûler la reine de Navarre, » clamera Henri III. Et *le Divorce satyrique* assenera un coup de massue sur cette tête qui fut jolie, aimée, idolâtrée... Le 8 août, Sallern, lieutenant aux gardes, arrête la litière de Marguerite, démasque la reine et ses deux compagnes de route, Mme de Duras et Mlle de Béthune. Henri de Navarre profite de l'incident, s'en fait une arme, envoie d'Aubigné à Paris pour demander raison de l'outrage infligé à sa femme.

La scène de l'entrevue est curieuse, d'une haute saveur psychologique. Il faut la lire dans d'Aubigné, qui semble avoir un peu exagéré son attitude tranchante. Henri III le reçut au Louvre, en sa propre chambre. Il avait auprès de lui l'inséparable d'Épernon et Bernard de la Valette. A un moment, la con-

---

1. Ce bâtard fut le P. Archange, aumônier de Gaston d'Orléans.

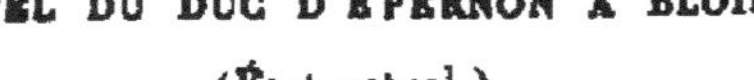

HÔTEL DU DUC D'ÉPERNON A BLOIS.

(État actuel.)

versation s'échauffe tant que les deux frères, et peut-être le roi, mettent la main sur leurs poignards. — « Retournez trouver le roi votre maître, puisque vous osez l'appeler ainsi... » s'écrie Henri III, emporté par la colère.

Catherine de Médicis, qui montait dans son carrosse, en redescendit pour déclarer à d'Aubigné « qu'on ferait mourir les coquins et marauds qui avaient outragé sa fille ». Finalement, sans l'assistance de Grillet et de d'Entraguet, l'envoyé du Béarnais risquait fort de ne point repasser la Loire.

Henri III se repentit bientôt d'avoir chassé Marguerite, et s'en excusa, auprès de son mari, avec des lettres si maladroites qu'elles semblent dictées par le duc d'Épernon. Le roi de Navarre, après les avoir lues, dit en riant à M. de Bellièvre : « Le roi me fait beaucoup d'honneur. Il m'appelle fils de p... et cocu... » Une allusion d'Henri III à Jeanne d'Albret était, en effet, très blessante ; son fils la ressentit vivement. Il patienta, comme toujours...

Les pamphlets les plus cruels, les plus mordants, s'abattaient sur Henri III. Nous avons tort de tenir la liberté de la presse pour une de nos conquêtes modernes. Sous les Valois, comme sous les régences de Marie de Médicis et d'Anne d'Autriche, elle atteignit à un étonnant degré de virulence. Le peuple parisien, la monacaille, le petit clergé catholique, décochaient à ce roi efféminé, ce roi qui s'habillait parfois en courtisane, de terribles *pasquils*. Dès avril 1576, on l'appelait, dans une feuille volante : « Henry, par la grâce

« de sa mère, inutile Roy de France et de Pologne ima-
« ginaire, Concierge du Louvre, Marquillier de Sainct-
« Germain de Lauxerrois. Basteleur des églises de
« Paris, Gendre de Colas, Gaudronneur des collets de
« sa femme et Friseur de ses cheveux, Mercier du
« Palais, Visiteur d'estuves, Gardien des quatre man-
« dians, Père conscript des blancs battus et Protecteur
« des Capuchins… » A *l'Isle des Hermaphrodites* succé-
daient une foule d'écrits où l'on mangeait littéralement du mignon. Les prédicateurs s'en mêlaient aussi,
jetant à la foule, du haut de la chaire, un langage
vibrant, gaulois, pittoresque, où flamboyaient des
vérités terribles.

En mars 1583, le roi institua une confrérie dite des
pénitents, à laquelle le duc d'Épernon et d'O s'affi-
lièrent aussitôt. Henri III marchait en tête de la procession ; elle entra dans Notre-Dame en chantant le
Salve regina et en sortit sous une pluie battante. Cette
mômerie, à laquelle se mêlaient les éternels ganymèdes, exaspéra le petit clergé, l'une des formes vi-
vantes de l'opposition.

Un moine, maître Pierre Poncet, alla très loin. Il
faut admirer le courage de cet homme, flagellant, lui
chétif, des gaillards tels que Joyeuse, d'O et d'Épernon ! Il monta en chaire, à Notre-Dame, et débuta
par appeler « confrérie des hypocrites et athéistes » la
nouvelle création mystique du roi. — « J'ay été averti,
« ajouta-t-il, de bon lieu, que hier soir, qui estoit le
« vendredy de leur procession, la broche tournoit
« pour le soupper de ces gros pœnitents, et qu'après

« avoir mangé le gras chappon, ils eurent pour colla-
« tion de nuict le petit tendron qu'on leur tenoit tout
« prest. Ah ! mal heureux hypocrites, vous vous moc-
« quez donc de Dieu sous le masque, et portez par
« contenance un fouët à vostre ceinture : ce n'est pas
« là, de par Dieu, où il le faudroit porter, c'est sur
« vostre dos et sur vos espaules, et vous en étriller
« très bien... » Le roi, très piqué, appela Poncet *vieil
fol*, le fit emprisonner, puis donna l'ordre au chevalier
du guet de le reconduire en son abbaye Saint-Pierre
de Melun, sans autre mal qu'une menace de le jeter
dans la Marne.

Naturellement, le duc d'Épernon éprouva le besoin
de faire du zèle, de compléter par sa lourde ironie la
mauvaise humeur du roi. Il alla voir Poncet, au Châtelet, avant son départ, et lui gasconna ceci : — « Mon-
« sieur nostre Maistre, on dit que vous faictes rire les
« gens à vostre sermon, cela n'est guères beau, un
« Predicateur comme vous doit prescher pour édifier
« et non pas pour faire rire. »

Poncet ne s'étonna pas autrement et répondit, du
tac au tac : — « Monsieur, je veux bien que vous sça-
« chiez que je ne presche que la parole de Dieu, et
« qu'il ne vient point de gens à mon sermon pour rire,
« s'ils ne sont méchans ou athéistes, et aussy n'en
« ai-je jamais tant faict rire en ma vie comme vous
« en avez faict pleurer. » L'humble moine atteint ici
au sublime. Il se fait le vengeur, le justicier, le porte-
parole du peuple. « Réponse hardie pour un moine à

un seigneur de la qualité d'Espernon, et qui pour le temps fut trouvée fort à propos. »

Henri III, cause première de tout, était pourtant loin d'être un imbécile. Il avait fait de bonnes études au collège de Navarre. Sa culture était variée. Il parlait bien, longtemps, avec élégance et clarté. Curieux de nouveautés, homme d'esprit, il avait la riposte facile. — « Ce que le Châtelet vous donnerait, le Parlement vous l'ôtera, » disait-il en riant au cardinal de Bourbon, qui prétendait passer avant le Béarnais dans l'ordre d'accession au trône. Le fougueux théologien Rose venait de le malmener en chaire; il lui envoya, peu de jours après, quatre cents écus, afin qu'il s'achetât du sucre et du miel « pour l'aider à passer son carême et adoucir ses trop âpres et aigres paroles ». Il lisait *le Prince ;* mais il se reposait de Machiavel avec Ronsard, Baïf et Desportes, l'heureux abbé de Thiron, son poète préféré.

Son goût pour la musique était presque poussé à la passion. On lui attribue, ainsi qu'à Charles IX, de jolies chansons et même des vers français et latins. Au physique, l'homme n'était point désagréable à voir. Il était fier de posséder les jolies mains de sa mère; mais son regard oblique, sournois, gâtait tout, exigeait qu'en sa présence on se surveillât. Le sang italien l'emporta, malheureusement, sur le sang d'Henri II. Le long et voluptueux séjour à Venise, l'amour des plaisirs faciles, arrêtèrent les qualités de ce roi. Dès son retour, les saturnales commencèrent et ne prirent fin que sous le poignard. « Mélange de tous

les vices et de plusieurs vertus, » a dit Mérimée. Il
était parti pour la Pologne en donnant de grandes
espérances ; l'Italie nous le renvoya pourri.

Il y a aussi, chez Henri III, un scepticisme qui le rendait impropre au métier d'homme d'État, encore plus
à celui de monarque. Il ne sut jamais distinguer une
marionnette d'un ministre. Et l'on s'explique la pro-
digieuse faveur dont jouit, pendant dix ans, un homme
tel que d'Épernon.

Il oblige la reine à l'accompagner dans les maisons
et les couvents de femmes pour y prendre de petits
chiens dont il raffole ; il fait avec elle un voyage en
Normandie, d'où il rapporte quantité de guenons et de
perroquets. Il nourrissait, dans les caves du Louvre,
des lions, des ours, des taureaux, en vue de quelque
jeu de cirque ; mais, à la suite d'un mauvais rêve, il
fit tuer tous ces animaux à coups d'arquebuse.

Le duc d'Épernon accompagne le roi au Parlement
lorsqu'il va faire enregistrer ses édits bursaux, — à la
grande douleur du premier président Achille de Harlay. Les impôts tuent le peuple ; les emprunts du roi,
les vols faits à la fortune publique, sont innombrables.
En janvier 1587 seulement, le roi lèvera sur Paris six
cent mille écus, bientôt suivis de cent vingt mille,
plus six cent mille écus sur les provinces. Tout cela
va dans la poche des gitons, surtout dans celle du
premier mignon en titre, l'avide d'Épernon.

Les mignons avaient entrepris de souffler des dragées
dans leurs sarbacanes. Henri III juge maigre l'amuse-
ment. En juillet 1585, en pleine guerre contre les

ligueurs, alors que Guise se multiplie pour l'humilier, saisir sa couronne, le roi se promène dans les rues en jouant au bilboquet. D'Épernon s'empresse de l'imiter; et les deux compères s'attirent, une fois de plus, la risée des Parisiens.

Le 1er janvier, le roi avait réglé le.protocole et le cérémonial de sa cour, cérémonial digne d'un satrape. C'est quand il roule en plein dans la boue qu'Henri III exige formellement qu'on lui donne le titre de *Majesté*.

Revenons à la formidable emprise du duc d'Épernon sur Henri III. Ceux qui mettent en doute les déplorables vices unissant ces deux hommes, pour le plus grand malheur du pays. n'ont pas étudié à fond leur mentalité. D'Épernon possédait le gouvernement de la Fère, une duché-pairie, l'ordre du roi, des cadeaux insolents en or touchés sur de simples *acquits de comptant*. De plus, il était colonel du régiment de Champagne, un de ceux qu'on appelait *les vieux corps*, dont la création remontait à 1569. Le roi estima que tout cela ne suffisait point à payer les services de d'Épernon.

En juillet 1583, le duc est bombardé gouverneur de Metz et du pays Messin. Il fait, à cette occasion, une entrée solennelle à Metz; son pavillon particulier arbore l'altière devise : *Adversis clarius ardet*. On prétend — mais il s'agit plutôt ici d'une légende — que le roi assistait *incognito* à cette entrée solennelle, et revint à Paris, enchanté de la façon dont son favori tranchait du grand seigneur.

Il fallait pourtant négocier ou se battre. Le 10 juin

1584. François de Valois meurt au château de Château-Thierry, d'un flux de sang et d'une forte fièvre, — conséquence, disait-il dans son agonie, de la bonne chère que son royal frère lui avait faite à Paris. On a parlé de poison à propos de cette mort.

Il est vrai que l'influence italienne dominait dans nos manifestations d'énergie. A Florence, tout servait de véhicule au poison : les couteaux à lame d'or, les bouquets de roses, les gants, même les bottes. Don Juan d'Autriche, grand soupirant de Marguerite de Valois, fut empoisonné, dit-on, par une paire de bottes. Cette toxicologie raffinée passa les Alpes. Les Français abandonnaient pour un temps quelques-uns des traits saillants de leur caractère : la tolérance, l'oubli des injures, le respect de soi-même et d'autrui.

Au château de Poitiers, et pendant que le roi y séjourne, René de Villequier assassine sa femme et la camériste d'icelle. Cherchez l'amant! Bussy d'Amboise, favori de Monsieur, couche avec Mme de Montsoreau. Il est mis à mort, au manoir de la Coutancière, par dix ou douze valets du mari, armés jusqu'aux dents. L'ancien amant de Marguerite se défendit avec une bravoure qui arrache des cris d'admiration. Il lutta tant qu'il eut un morceau d'épée aux mains, puis s'aida de tables, bancs, escabelles, avec lesquels il démolit trois ou quatre agresseurs, jusqu'à ce qu'il fût assommé, près d'une fenêtre. En cette lutte de lion, on reconnaît l'homme qui devait vider ses différends avec d'Entraguet, dans un homérique combat à la porte Saint-Antoine, trois cents contre trois cents. Ces batailleurs sont taillés sur le patron d'Achille : leurs gestes ressemblent à ceux des guerriers de l'*Iliade*.

En mars 1588, Charlotte de la Trémouille, princesse de Condé, grosse des œuvres de son page Belcastel, empoisonnera son mari afin d'être toute à son amant. On pendit le page en effigie. La princesse, d'abord emprisonnée, finit par se tirer d'affaire.

Nos invasions en Italie se retournaient contre nous. Les poignards et les arquebuses se forgeaient à Milan ; le poison se fabriquait sur les bords du Tibre et de l'Arno ; et le mal qui rongeait Henri III, et pas mal de seigneurs autour de lui, venait en droite ligne de Naples.

Guise, à ce moment, cessant d'être Français, renouvelait son vieux traité avec Philippe II. L'Espagnol soutiendrait les prétentions de Guise ; celui-ci lui garantirait la possession des Pays-Bas. Tous deux se portaient forts d'extirper de France l'hérésie huguenote. Au fond, l'Espagnol se jouait de Guise. Il s'accordait de prétendus droits sur la France, comme mari d'Élisabeth de Valois, et rêvait, du fond de son Escurial, — résidence bien digne de ce moine couronné, — de nous imposer pour roi son héritier.

Un mois avant la mort de celui qui devait être François III, son frère songeait à modifier sa politique à l'égard du Béarnais. D'Épernon en reçut la confidence. Il fallait ménager le roi de Navarre, l'engager à retourner au catholicisme pour qu'il pût régner. Henri III, entre Bourbon et Guise, accordait sa préférence au premier, tout en le détestant cordialement.

Ce fut au duc d'Épernon qu'on donna cette mission, délicate entre toutes, puisqu'on avait affaire au plus rusé, au plus madré des chefs de parti.

D'Épernon ne doutait de rien. Personne autant que cet homme n'eut confiance en soi.

Le 16 mai 1584, d'Épernon soupe chez Gondi, y perd deux mille cinq cents écus au passe-dix et, tout de suite après, part pour le Midi, en vue de remplir sa mission. Il était accompagné d'une suite de cinq cents gentilshommes, ce qui indique, chez Henri III, la volonté de donner un éclat extraordinaire à cette ambassade.

D'Épernon s'arrêta quelques heures à Loches, le temps de convoiter la capitainerie de ce château, puis descendit sur Bordeaux. Il alla ensuite à Caumont embrasser sa mère. Jeanne de Saint-Lary commençait à vieillir. Elle résista aux offres de son fils, qui lui proposait de se rendre à Paris, pour vivre à la cour. Après quoi, le duc fut tout à sa mission.

Les instructions verbales d'Henri III et de Catherine reposaient sur trois points principaux : assurer le roi de Navarre de l'amitié du roi de France; le pousser au catholicisme; obtenir de lui une assistance complète contre la Ligue. Du retour au catholicisme, religion nationale, dépendait l'accession au trône. En l'exigeant de son beau-frère, Henri III prouvait au moins sa conscience des devoirs de la dynastie.

D'Épernon se rendit à Pamiers, où était le roi de Navarre. Henri se savait détesté du duc, depuis que les Rochellois avaient envoyé Caumont de la Valette *se faire f..... ailleurs.*

Au début, d'Épernon dut se sentir mal à l'aise devant ce roi de trente ans, qui joignait à tous ses talents celui d'être *un tireur de vers du nez* de premier ordre. Mais la vanité du duc l'empêcha d'être longtemps troublé. Il y eut des caresses de part et d'autre. D'Épernon prit sans doute sur lui d'assurer Henri que le roi l'aiderait à *se démarier*. Il promit de revoir le Bourbon à Nérac, et partit pour Toulouse visiter des cousins et des clients.

Peut-être Henri III avait-il chargé d'Épernon de *palabrer*, en secret, avec le parlement de Toulouse, très ondoyant et remuant. (En février 1589, les ligueurs toulousains assassineront le premier président Duranti et l'avocat général Daffis pour les punir de leur fidélité au roi.) Les instructions du duc portaient qu'il irait saluer la reine Marguerite, à Nérac ou dans son comté d'Agen. A cette annonce, Henri de Navarre avait souri.

Autant que la cour du Louvre, il connaissait la haine dont jouissait d'Épernon auprès de Marguerite. Depuis six ans que Jean-Louis possédait l'alcôve et l'oreille d'Henri III, elle voyait en lui l'auteur, plus que le conseiller, des disgrâces qui fondaient sur elle, ses amants, ses amies, son frère François. Catherine avait prévu le cas où sa fille fermerait sa porte à l'envoyé du roi. Aussi écrivit-elle à Bellièvre, chancelier de Navarre : — « Qu'elle (Marguerite) ne soit cause d'augmenter mon affliction et qu'elle veuille reconnoitre le roy son frere comme elle doit et ne veuille faire chose qui l'offense, comme je sais qu'il se sentira l'être, si elle ne voit M. d'Espernon. »

Pour si fort que fût son dégoût du favori, Marguerite vit là un de ces ordres maternels que rien ne pouvait éluder.

La lettre écrite par Marguerite au maréchal de Matignon, lieutenant général de Guyenne, ne dissimule pas, d'ailleurs, la violence qu'elle se fait en acceptant de boire l'amer calice.

On l'a dit, et il faut le répéter : le meilleur moyen de surprendre le secret des femmes, c'est leur correspondance. Politiciennes ou amoureuses, coquettes ou simplement bavardes, innocentes ou coupables, toutes s'y laissent prendre. La plume à la main, la femme se livre, même quand elle cherche à se dérober.

D'Épernon et le roi de Navarre se revirent à Nérac. Henri entraîna le duc dans une allée du parc, et, par malice, ce fut sans doute dans « l'allée de la reine Marguerite ». Il parla longtemps au favori d'Henri III, le fit plus parler encore, et accorda son appui dans la guerre contre Guise et ses alliés.

D'Épernon expédia un courrier au roi pour lui annoncer son triomphe. Ce courrier m'a l'air d'être un Gascon nommé Montaud, pénitent favori du duc, car d'Épernon avait des favoris !

Après le repas de rigueur, — truites et perdrix arrosées de jurançon, — on annonça l'arrivée de Marguerite. La reine de Navarre, « qui vouloit mal mortel à M. d'Espernon pour beaucoup de grands subjects », dit nettement à son époux qu'elle ne pourrait supporter la vue de l'envoyé royal « sans quelque scandale et venin de colère ». Henri la supplia, dans leur intérêt à tous deux : il obtint qu'elle l'aiderait à recevoir le duc. Après quoi, elle repartit pour Agen.

Le roi de Navarre, tout à la belle Corisande, allait rarement voir sa légitime épouse, qui s'en consolait aisément.

Marguerite attendait, à Agen, sa bête noire. D'Épernon, en son éclatant costume, feutre à la main, épée au côté, eut donc l'honneur de saluer la reine de Navarre, — à laquelle il tenta peut-être, jadis, de conter fleurette, en quelque embrasure de fenêtre, alors qu'elle brûlait pour Bussy. Des instructions d'Henri III, il lui parla seulement du retour de son mari à l'Église romaine, droit chemin de la couronne. L'assemblée était brillante ; toute la cour de Marguerite était là, admirant l'hypocrite correction de la reine, la courtoisie officielle de d'Épernon... Le duc partit pour Lyon le 25 juillet en songeant aux milliers d'écus que lui vaudrait son ambassade, où il n'avait pourtant réussi qu'à moitié. Au mois d'août, il rentrait à Paris.

Quant à Marguerite, elle prenait les eaux d'Encausses dans l'espoir d'une grossesse... car, si le Béarnais règne, il lui faudra un héritier ! Le Béarnais, lui, songeait à divorcer, au profit de Diane d'Andoins. Marguerite en sut quelque chose, écouta les propos des agents de Guise : celui-ci, donnant une entorse à la loi salique, l'accepterait comme reine de France, la nation ne voulant point d'un roi huguenot. On s'étonne qu'une telle coquecigrue ait pu envahir le cerveau d'une fille de Catherine ! C'était par trop loin pousser la naïveté, Henri de Guise ne travaillant que pour lui.

Selon Guillaume Girard, — mais je me refuse à le croire, — Henri de Navarre aurait offert au duc d'Épernon, l'année suivante, la main de sa sœur, Catherine de Bourbon, la persistante amoureuse du comte de Soissons, dont il ne voulait point pour beau-frère. J'ai signalé, dans l'introduction de ce livre, l'ouvrage de Girard comme une apologie, par endroits habile, mais souvent systématique. Il faut voir, en cette promesse de mariage, une des nombreuses gasconnades et vanteries dont se gonflait le cadet parvenu, et qu'il donnait pour « confidences » à ses secrétaires.

IV

Henri III faisait trop cas de d'Épernon pour tarder à le récompenser. Il le fit comte de Montfort, seigneur de Saint-Léger, gouverneur du château de Loches, colonel général de l'infanterie française, tant d'en deçà que d'au delà des monts, ce qui lui donnait rang d'officier de la couronne. La charge était belle, supérieure même à celle de maréchal de France, puisque le colonel général ne pouvait recevoir d'ordres d'un maréchal. Deux des frères de Coligny, François et Gaspard, ainsi que Strozzi, l'avaient occupée, et le vaillant Blaise de Montluc la demanda, sans l'obtenir, comme couronnement de sa carrière. On l'apaisa avec le bâton de maréchal.

D'Épernon, premier gentilhomme de la chambre, occupait maintenant tant de postes auprès d'Henri III qu'on commençait à l'appeler *la garde-robe du roi*.

Le 22 janvier 1585, il alla prêter, au Parlement, son serment de colonel général, accompagné des ducs de Montpensier, de Nevers, d'Aumale, de Joyeuse, de Retz, du marquis de Conti et d'une foule de gentils-hommes. On le vit plus tard aller au Louvre, ou à Saint-Germain, avec une suite de trois cents gentils-hommes, et même un train de huit cents chevaux. En moins de quinze ans, le cadet aux gardes avait plus que brûlé les étapes !

Le serment prêté, on le fit asseoir sur les fleurs de lys, au rang des princes, toutefois avec cette restric-tion : « Duc d'Épernon, montez ici comme pair de France, et non comme colonel général, car, en cette dernière qualité, vous n'avez point ici de séance. » Légère pilule à avaler, mais pouvait-elle l'incom-moder, venant de ce Parlement dont les mignons fai-saient entre eux des gorges chaudes ?

La fièvre matrimoniale reprend Jean-Louis. En 1581, il avait été question de le marier avec Mlle de la Mailleraye ; et nous avons vu son échec auprès de la

princesse Christine et de Mme de Carnavalet. La sœur
des princes lorrains, la duchesse de Montpensier, était
veuve. Le duc demanda sa main, mais la principale
intéressée, influencée par Henri de Guise, et cédant
peut-être à un sentiment d'antipathie, refusa le *con-
jungo* offert.

En mai 1585, Jean-Louis connut, pour la première
fois, la maladie : affection cancéreuse à la gorge,
grosse fièvre... On le crut mort. Sa forte nature réagit
si bien que, le 30 mai, à la tête de quinze cents fantassins et de six cents chevau-légers, il battait les
ligueurs devant Gien. L'enthousiasme du roi pour son
favori ne connut plus de bornes... Jupiter rend fous
ceux qu'il veut perdre : en octobre, Bernard de la
Valette partait pour le Dauphiné, et le mois suivant
le duc d'Épernon recevait le gouvernement de Bou-
logne-sur-Mer.

La petite victoire de Gien sembla justifier les faveurs
d'Henri III. Au reste, d'Épernon pouvait tout sur lui.
L'année d'avant, il l'empêcha d'assommer à coups de
pied et à coups de poing l'imprudent chevalier de
Seurre, grand prieur de Champagne, qui avait appelé
le roi « larron et assassin du peuple de France ». Les
rois n'aiment point entendre de telles vérités, et les
colères d'Henri III étaient cruelles. D'année en année,
s'accusait en lui une férocité digne de Domitien et de
Commode, à côté de pitreries, de singeries mystiques
à l'Élagabal. Le 3 septembre 1578, il avait laissé
pendre en Grève un garçon de treize ans pour coups
de dague donnés à un marchand, son maître. « Et fut

cette exécution trouvée étrange, tant à cause du bas âge de l'enfant qu'à l'esgard à ce que le marchand estoit guari de ces coups[1]... »

La Provence était gouvernée par Henri d'Angoulême, fils naturel d'Henri II et grand prieur. Ce gouverneur ayant mécontenté tout le monde, Henri III faisait surveiller son frère bâtard par une ancienne maîtresse à lui, la belle Renée de Châteauneuf, mariée à Castellane, dit Altoviti, capitaine des galères de Marseille. Le 2 juin 1585, Castellane, qualifié d'espion du roi par le grand prieur, l'assassina d'un coup de poignard. Il fut aussitôt tué par les gens du gouverneur. Henri III s'était empressé, le 14 juin, de donner le gouvernement de Provence au duc d'Épernon. D'Épernon fit nommer son frère aux lieutenances générales de Provence et du Dauphiné. Nous verrons que Bernard gagna l'estime des Provençaux.

D'Épernon avait été du fameux festin de Plessis-lès-Tours, où les dames servirent Henri III, vêtues de vert et en habits d'hommes, et du banquet de Chenonceaux, qui coûta cent mille écus. Les plus belles femmes de la cour firent le service, à moitié nues et les cheveux épars. On songe aux passe-temps favoris du pape Alexandre VI Borgia, en même temps qu'aux orgies néroniennes.

Mais le roi et son premier mignon, doré sur toutes les coutures, écrasé de grades, de gouvernements, de

---

1. P. DE L'ESTOILE.

dignités, faisaient ensemble des fredaines, châtiées de nos jours à coups de revolver ou de galères.

Tous deux, en cagoule, assistaient à l'enterrement de René de Birague, « cardinal sans titre, prêtre sans bénéfice, chancelier sans sceaux ». Ils y feignirent cette dévotion, cette contrition, qui montraient en eux d'effarants hypocrites. Deux mois après, ils se rattrapèrent largement de leur capucinade. Au carême prenant de 1584, ils allèrent dans les rues, suivis des mignons, à cheval et en masque, déguisés en prêtres, en marchands, en avocats, galopant à bride abattue, renversant, frappant les gens à coups de bâton et de perche. Le roi prétendait au privilège de porter seul le masque, ce jour-là. Ils passèrent par la foire Saint-Germain et jusqu'à dix heures, le lendemain, commirent par les rues des insolences inouïes.

Il fallut se battre, puisque les négociations, même conduites par la reine Catherine, ne menaient qu'à des trèves. Le Poitou, la Saintonge étaient en feu, comme aussi l'Anjou. Guise et le roi signèrent, en 1585, le traité de Nemours; mais la guerre recommença l'année suivante.

Et ce sera la huitième guerre civile, la dernière, la plus longue, la plus cruelle aussi, car elle ne prendra fin qu'en 1594, avec l'entrée d'Henri IV à Paris et la soumission des derniers ligueurs. Terrible champ de notre histoire, foisonnant d'actes héroïques, de revers et de succès, ensanglanté par l'assassinat politique! Le poignard et le poison y ont leurs manœuvres franches, et, dans les alcôves, chez les grands comme chez les petits, l'adultère et l'inceste continuent leurs cyniques ébats. La France en est presque méconnaissable, tant la double invasion italienne et espagnole l'a bouleversée...

En Provence et en Dauphiné, le parti protestant était moins redoutable que les ligueurs. Ceux-ci avaient à leur tête M. de Vins, personnage influent, correspondant et lieutenant du duc de Guise. D'Épernon sentit qu'il fallait payer de sa personne et conserver des provinces aussi importantes. Au reste, par Metz, la Fère, Boulogne, il a pied dans le Nord. Loches, au Centre, peut lui servir de place d'armes. Il faut s'assurer le Midi.

. Il partit donc, en août 1585, général d'une armée solide, — dix à douze mille hommes, — comprenant les vieux régiments de Picardie, Champagne, Piémont, des gendarmes, des dragons, de la cavalerie légère et quatorze canons.

Ce fut, à vrai dire, une longue promenade militaire, au cours de laquelle on fit trembler les ligueurs et peut-être un peu les huguenots. Quelques pendaisons agrémentèrent les estocades et servirent d'entr'actes aux fêtes que les royalistes donnaient au duc, à Aix. Il semble qu'il ait fortement cultivé l'amour auprès des dames provençales. En avril 1586, il est de retour au Louvre ; et tout Paris parle de la cour très assidue qu'il fait à Mlle de Stavay, fille d'honneur de la reine Louise.

Le génie de Catherine lisait presque à travers les murs ; mais Catherine, comme plus tard Marie de

Médicis, nous amenait un troupeau d'Italiens. Par les affaires, le commerce, la politique, les emplois de l'État et, surtout, le maniement des écus, le drainage de notre or, de nos livres tournois, de nos livres parisis, tout ce monde traitait la France en pays conquis. Des *mercantis*, venus à Paris avec cinq sols en poche, possédaient, en 1587, cinq et six cent mille écus! Zamet, Sardini, Ruccelaï, fermier de l'impôt du sel, commandaient le bataillon des métèques. On haïssait le roi; on souhaitait la potence pour d'Épernon, la bastonnade pour les autres mignons; mais on criait aussi après Catherine.

Les écoliers et les Écossais de la garde royale disaient hautement qu'il fallait « saccager et couper la gorge à ces bougres d'Italiens qui étaient cause de la ruine de la France ».

Le roi, pour soutenir la guerre, satisfaire à ses fantaisies, mit la main sur les rentes de l'Hôtel de Ville. Le 1er mars 1587, soixante présidents et conseillers du Parlement allèrent, au Louvre, lui faire des remontrances. Achille de Harlay conduisait la députation. Ennemi des Guisards, loyal royaliste, bon catholique, homme d'esprit, l'orateur du Parlement fulmina contre les mignons, « vraies sangsues et pestes du royaume », puis déclara au roi « que les pauvres veuves et les orphelins, qui avaient tout leur bien sur la ville, crieraient contre lui et demanderaient vengeance à Dieu de ce qu'il leur retiendrait les moyens de vivre et avoir du pain en un temps si sec et si misérable ». Henri congédia la députation en la priant de lui indiquer un autre moyen de réunir les cinq cent mille écus qui lui manquaient. C'était de l'ironie à froid.

Il donna à l'amiral-duc de Joyeuse le commandement de la très belle armée destinée à combattre le Béarnais, malgré sa promesse d'un appui contre Guise. Pendant que son confrère marchait vers la Guyenne, d'Épernon était tout à l'amour et aux dames.

Il existait à Cœuvres, en l'Ile-de-France, un château habité par Antoine d'Estrées, marié à Françoise Babou de la Bourdaisière. De ce mariage étaient nés deux fils et six filles. L'aîné des fils fut tué au siège de Laon ; le cadet, après s'être démis d'un évêché et du cardinalat, devint le célèbre maréchal Annibal d'Estrées, vrai géant, qui *initia*, dit-on, plusieurs de ses sœurs et mourut centenaire. Les six filles — Gabrielle, Diane, Juliette-Hippolyte, Mme de Namps, la comtesse de Sanzay, Angélique, abbesse de Maubuisson — ont fait parler d'elles, moins peut-être que leur mère, type de femme à *tempérament*, un Hulot femelle.

Cette race de la Bourdaisière — selon Tallemant des Réaux — était la plus fertile en femmes galantes qu'on eût jamais vue en France : Mme de la Bourdaisière se vantait d'avoir couché avec le pape Clément VII à Nice, avec l'empereur Charles-Quint quand il passa en France et avec François Ier. Antoine d'Estrées, voulant avoir la paix chez lui, haussait les épaules à chaque escapade de sa femme et de ses filles, sachant bien que son château, disait-il, était un véritable « clapier à p...... ».

Vers 1585, la réputation galante des demoiselles d'Estrées battait son plein. Ces peu farouches provinciales venaient à Paris ; on allait à Cœuvres leur rendre visite, la mère trafiquant volontiers des charmes de ses filles. Gabrielle, qui figure dans les *Amours du grand Alcandre* sous le nom de Cérisante, passait pour une beauté parfaite. Mais Diane était la plus galante, quoiqu'elle eût la taille un peu gâtée. Elle plut au duc d'Épernon, qui s'empressa de l'entretenir sur un pied respectable. Il en eut une fille, Louise, bâtarde La Valette, qu'il fit abbesse de Sainte-Glossine, à Metz, en 1606. Tel est le milieu vénéneux d'où sortait la plus populaire des cinquante-six maîtresses attribuées à Henri IV.

D'Épernon connut donc les pécheresses du château de Cœuvres ; la beauté de Gabrielle le frappa. Soit que sa maîtresse — la Délie de *l'Astrée* — le tînt en esclavage, ou pour toute autre raison, d'Épernon échoua auprès de Gabrielle. Mais il parla d'elle à Henri III, lui en fit venir l'envie. Moyennant six mille écus envoyés à Mme d'Estrées par Montigny (qui en garda deux mille pour lui), le Valois passa sa fantaisie, laquelle dura peu. Le roi dit même à d'Épernon, Mercure de l'affaire, que, *pour du blanc et du maigre, il en trouvait assez chez la reine, sa femme.*

Cette « location » de Gabrielle à Henri III ajoute un nouveau et plus cynique panache à tous ceux dont se parait d'Épernon. Proxénète raffiné, il recrutait des maîtresses royales parmi ses belles-sœurs de la main gauche... Quant à Françoise de la Bourdaisière, elle éprouva un fort béguin pour du Guast, puis pour d'Alègre-Meillan, se donna à lui contre écus, et le suivit jusqu'à Issoire, dont il était gouverneur.

Il y eut une révolte dans la ville : le peuple avait sans doute ses raisons. Il mit à mort Françoise Babou, et, quand on releva son cadavre, on remarqua qu'elle avait « le poil honteux distingué et tressé de petits rubans de soye de toutes couleurs ». Les rubans de soie se nommaient alors des *nonpareilles*. Coquetterie de courtisane autant que de grande dame, « belle et honneste ».

Catherine de la Valette, comtesse du Bouchage, était morte à Paris. le 8 août 1587, à peine âgée de vingt ans.

Henri III pressait d'Épernon de se marier. Après avoir fureté dans tous les recoins de la Cour et les gentilhommières de province, le roi découvrit, pour Jean-Louis, un beau parti, — une séduisante jeune fille, qui méritait, certes, un autre sort : Marguerite de Foix, comtesse de Candale, — titre que, par un singulier privilège, les demoiselles de cette branche de Foix pouvaient porter et transmettre à un de leurs enfants, fille ou garçon, après mariage.

Marguerite, née en 1567, à Bordeaux ou à Cadillac, fille aînée d'Henri de Foix, comte de Candale, et de Marie de Montmorency, était donc, par sa mère, petite-fille du grand connétable Anne de Montmorency et par conséquent nièce d'Henri Iᵉʳ de Montmorency, qui porta le titre de maréchal d'Amville jusqu'à sa nomination de connétable par Henri IV, dont il fut l'ami dévoué.

Les comtes de Candale, issus des anciens comtes de Foix, appartenaient à la meilleure noblesse, leur titre, daté du XIV° siècle, venant de Jehan de Foix, captal de Buch. Ils avaient pour devise celle de Gaston de Foix : *Quy m'aimera, je l'aimeray !* et portaient, comme lui : *d'or, à la croix de gueules, cantonnée de seize alérions d'argent.*

Jean de la Valette, père de d'Épernon, et Frédéric de Foix, père d'Henri, comte de Candale, s'étaient connus aux armées de Gascogne et de Languedoc. Henri, ardent catholique, lieutenant général de Guyenne, fit la guerre contre Jeanne d'Albret. Blaise de Montluc le connut très jeune et parle de sa bravoure et de ses qualités privées en ses *Commentaires*. Henri de Foix donnait les plus belles espérances, lorsqu'il fut tué, en 1573, à l'assaut du château de Sommières, en Languedoc. Sa veuve vint habiter Paris, avec sa fille Marguerite. Brantôme la nomme parmi les dames qui composaient la cour de la reine-mère.

Brantôme nomme aussi les filles d'honneur de Catherine de Médicis. Un petit nombre de ces demoiselles étaient irréprochables. Presque toutes faisaient les délices des hommes de la cour. Isabelle de Limeuil accoucha, dit-on, en plein bal. Beaucoup de ces filles firent de bons mariages. Mais souvent l'époux, riche, titré, usé par l'âge et le plaisir, s'enrôlait sous le jaune étendard du cocuage. Somme toute, les épouses re grettaient le temps où elles avaient le choix d'être prêtresses de Diane aussi bien que de Vénus, pourvu « qu'elles eussent de la sagesse, de l'habileté et sçavoir pour se garder de l'enflure du ventre » (Brantôme).

D'Épernon, présenté à Marguerite de Foix, et tout de suite agréé par la mère, plut à la jeune fille. Fiancés le 7 août 1587, ils furent mariés « à petit bruict » le 23 août, au château de Vincennes. Henri III donna quatre cent mille écus au duc et un collier estimé cent mille écus à la mariée.

Le 30 août, le festin nuptial de celui que le roi nommait *son fils aîné* se fit à l'hôtel de Montmorency, rue du même nom. Toute la cour y assistait. Le roi dansa en grande allégresse, en conservant, pendu à sa ceinture, son fameux chapelet aux grains faits de petites têtes de mort. Marguerite, à peine âgée de vingt ans, était jolie, gracieuse, sympathique à tous. Elle avait été pieusement élevée par Mlle de Cusson, et apportait en dot à son mari la belle terre de Cadillac et celle moins importante de Targon, toutes deux en Guyenne[1]. Le duc d'Épernon ne pouvait souhaiter un plus brillant mariage, car il l'alliait à une foule de beaux noms.

---

1. Au moment de son mariage, le duc d'Épernon possédait près de quatre millions de livres en pierreries, etc. On ne parle pas du bel hôtel d'Épernon à Paris, ni d'autres sources de revenus. Les terres de la duchesse d'Épernon rapportaient à peu près quatre-vingt mille livres de rente. Sa sœur, Françoise de Foix, entra malgré elle en religion, se fit séculariser en 1611 et embrassa le protestantisme. Elle mourut en 1649, après avoir vainement revendiqué la fortune de la duchesse.

La duchesse lui donna trois enfants, très extraordinaires par leur carrière, de vagues talents mêlés à beaucoup de vices. Nous les retrouverons. Elle adora plutôt qu'elle n'aima un époux peu recommandable, et qui ne se fit pas faute de la tromper sans en attendre l'occasion.

Il est probable que le duc d'Épernon, après son mariage, laissa quelque repos à sa maîtresse, Diane d'Estrées. Elle allait épouser Balagny, un aventurier, bâtard de Jean de Montluc, évêque de Valence, et neveu de l'illustre maréchal. Au reste, l'adultère n'était point pour effaroucher un coureur de guilledou tel que d'Épernon.

Le duc et la duchesse s'installèrent en leur hôtel de la rue Plastrière, mais n'y séjournèrent qu'une année, tant les événements se précipitèrent.

A partir de son mariage, il faut noter, chez d'Épernon, le développement complet de son caractère. Il paraît soucieux de faire oublier ses services honteux auprès du roi et de mettre en relief ses talents militaires. On ne peut lui refuser la fierté et le courage. Mais il augmenta sa hauteur, son dédain, son incurable orgueil et, plus que jamais, on le détesta.

Comme colonel général, il avait la haute main sur l'infanterie, force principale de l'armée. Il en profita pour distribuer les emplois de capitaine et de mestre de camp à ses créatures. Comme gouverneur de Provence et de l'importante ville de Boulogne, il peupla l'administration civile, financière, judiciaire, de lieutenants, baillis, agents de tous grades, aussi incapables qu'avides. Il tira des territoires placés sous sa rude tutelle autant d'argent qu'il put, ne reculant jamais devant l'illégalité et l'arbitraire.

Il avait hôtel à Paris et à Blois; il lui fallut aussi un castel à Plassac, en Saintonge. Son nom s'enguirlanda partout d'une formidable clameur de haine. Mais personne ne bronchait sous sa coupe, tant les Français avaient encore enraciné au cœur le respect de la royauté et de ce qui émanait d'elle. Or, le duc d'Épernon était l'incarnation même du souverain...

Le 12 septembre, il alla voir l'armée avec le roi.

Villeroy, gendre de Châteauneuf de l'Aubespine, à qui il succéda comme secrétaire d'État en 1567, comptait au premier rang des ennemis du duc. Politicien de valeur, homme à idées, Nicolas de Neufville de Villeroy voyait avec peine s'éteindre l'autorité royale, par suite de la faiblesse, de l'indécision d'Henri III, « qui mélangeait tous les vices à quelques vertus ».

Villeroy et Catherine de Médicis penchaient vers une alliance avec l'Espagne pour mieux arriver à extirper du royaume ce qu'on nommait « l'hérésie calviniste ». Le violent catholicisme de Villeroy le rendait indulgent à la Ligue, dont Henri III était le chef depuis dix ans. Comme Charles IX à la Saint-Barthélemy, ne pouvant plus arrêter le mouvement, il s'était mis à sa tête. Plusieurs fois, en plein conseil, où le roi l'appelait sans qu'il eût un titre ministériel, d'Épernon donna des démentis au secrétaire d'État.

NICOLAS DE NEUFVILLE DE VILLEROY,

Secrétaire d'État sous les Valois et sous Henri IV.

(D'après François Clouet.)

Villeroy, soucieux de sa dignité, conservait son calme, tout en développant ses arguments.

Commit-il quelque imprudence verbale ou écrite auprès des agents de Philippe II? En ce temps, les plus habiles avaient leurs heures d'obscurité, c'est-à-dire d'erreur. Toujours est-il qu'au commencement d'octobre 1587, six semaines après son inespéré mariage, l'irascible d'Épernon insulta Villeroy en présence du roi, l'appelant *petit coquin* et le menaçant de lui donner des coups d'éperon, comme à un cheval rétif. Le « petit coquin » avait quarante-cinq ans, douze de plus que son antagoniste, et siégeait depuis vingt ans, non sans mérite, dans les conseils de la couronne.

La pusillanimité d'Henri III ne lui permit point d'intervenir, de mettre les choses au point; et l'insulteur termina la scène en affirmant que Villeroy était l'homme de Guise et de Philippe II. Il ajouta que le secrétaire d'État tirait du roi d'Espagne une pension de doubles pistoles comme paiement des informations qu'il lui fournissait. C'était probablement une calomnie. Dans le cas contraire, Villeroy agissait sans doute avec l'assentiment de la reine-mère.

Cette fois, la mesure était comble.

Villeroy, fin lettré, ami de Ronsard, qui lui dédia un de ses plus beaux poèmes[1], tenait la vengeance pour plaisir des dieux. L'indomptable orgueil de d'É-

---

1. L'épître qui accompagnait l'envoi des *Amours diverses*, et qui commence par ce vers : *Ja du prochain hyver je prevoy la tempeste...* (RONSARD, édit. Lemerre).

pernon lui fournit l'occasion de se venger l'année suivante.

Contre l'attente du roi, Joyeuse fut défait et tué à Coutras. L'armée de Navarre était pourtant inférieure de moitié à l'armée royale ; mais — ainsi que le cœur, en amour — le talent, à la guerre, a ses raisons... Le parti calviniste triompha, sans profiter de la victoire, le Béarnais étant allé jeter aux pieds de Corisande les drapeaux pris sur les Royaux. Ce fut la dernière faute que la passion lui fit commettre. D'Aubigné, le poète-soldat, apostropha son maître : « Il est temps que vous fassiez l'amour à la France ! » lui dit-il avec ses grâces de hérisson.

Tout de suite, d'Épernon songea à s'approprier, au moins en partie, la dépouille du vaincu de Coutras. Il fallait gagner cet héritage par de réels services. Cette fois encore, la chance fut du côté de l'insatiable ambitieux.

Les princes protestants d'au delà du Rhin lâchèrent sur nous une armée de trente mille lansquenets et reîtres qui manœuvraient pour se joindre aux huguenots. Guise saisit aussitôt ce moyen d'augmenter sa popularité et sa gloire, et marcha contre eux. Dohna commandait les reîtres, plus soucieux de voler, violer, piller la France, que de faire le jeu d'un parti. Guise les battit à Vimory, le 26 octobre, au moyen de levées faites à ses frais... Henri III signe au duc d'Épernon une patente de général d'armée, se porte avec lui sur la Loire, à la tête de troupes rassemblées en hâte, mais solides. Le roi détache d'Épernon au secours de Guise, puis rentre à Paris, où on le reçoit assez mal.

D'Épernon arriva trop tard. Le 11 novembre, à Auneau, Guise avait complètement défait les reîtres. D'Épernon n'en joua pas moins un rôle utile. Pendant que Guise poursuit Dohna et ses mercenaires, d'Épernon, aidé des paysans du pays chartrain, disperse, détruit les reîtres qui restent, éparpillés un peu partout. On vit vingt-cinq soldats désarmer douze cents de ces Allemands. Les villageois en tuèrent beaucoup. Le duc se hâta d'entrer en arrangement avec Dohna, prépara la paix, à laquelle contribua pour beaucoup Guise, furieux d'avoir été devancé sur ce terrain.

Il n'en fallut pas davantage pour que le monarque exauçât les vœux secrets du grandissime favori, du « vice-roi de France ».

Le 7 novembre 1587, de Mantes, Henri III fait le duc d'Épernon amiral de France, gouverneur de Normandie et, peu de jours après, gouverneur de l'Angoumois, de l'Aunis et de la Saintonge, — précieux cadeaux ! Le duc est désormais titulaire de six gouvernements provinciaux. Il règne, en fait, à l'Ouest, au Nord et sur la Méditerranée par la Provence. Le roi ignore, ou feint d'ignorer, qu'à Paris d'Épernon est noyé sous un déluge de libelles, de placards, de feuilles volantes, déchiré et tympanisé à plaisir.

Bien plus : on lui lâche dans les jambes un volume unique en son genre. Les colporteurs crient, en pleine rue : *les Grandes Victoires du duc d'Espernon contre les hérétiques.* On ouvrait le gros livre, et l'on trouvait ce mot : *Rien.*

Au dire d'Étienne Pasquier, esprit froid, observateur, les nouvelles dignités conférées à d'Épernon firent perdre au roi plus de gentilshommes qu'il n'en avait perdu à Coutras.

L'année 1587 représente le plus haut point de prospérité pour d'Épernon. Il sera, pendant cinquante ans encore, un des plus grands personnages du royaume, le dernier de ces *Grands Vassaux* que Louis XI faisait marcher au doigt et à l'œil; mais il n'aura pas un galon de plus sur son habit. Tout lui avait été zéphyr; désormais, il sentira souffler sur lui l'aquilon; il tiendra bon sous les orages, et lorsque Richelieu parviendra enfin à le jeter par terre, à l'arracher d'un sol où il s'accrochait par tant de racines, d'Épernon n'aura pas moins de quatre-vingt-cinq ans!

V

Le 12 janvier 1588, le duc d'Épernon est reçu amiral de France par le Parlement. Le premier président, Achille de Harlay, l'installe, en rougissant, au siège de la Table de Marbre.

Un avocat général donna des éloges au récipiendaire. Son collègue Faye prononça ensuite un discours d'une rare platitude. Il appela Henri III *le saint des saints*, déclarant qu'il méritait, mieux que saint Louis, d'être canonisé. On tombe des nues en lisant d'aussi imbéciles flagorneries.

En ce qui touchait d'Épernon, le même Faye avança, entre autres énormités, que « le feu admiral « de Chastillon avoit fait tout ce qu'il avoit peu « pour renverser l'Église catholique, apostolique et « romaine, mais que *cestuy-ci la maintiendroit et res-* « *tabliroit en sa propre splendeur et dignité* »... Nous n'avions pas encore une vraie marine de guerre ; nous ne possédions que des galères et des vaisseaux de transport. La dignité d'amiral, qu'avaient eue Bonnivet, Coligny, Joyeuse, pour ne nommer que ces trois-là, était pour ainsi dire platonique, puisqu'elle se bornait à surveiller (de loin !) les côtes et les ports. Et voilà un membre du grand parquet qui assimile le marin d'eau douce d'Épernon à un pape !

Henri de Guise observait tout de son gouvernement de Champagne. Il avait fondé à Paris un comité central de la Ligue et semait l'or parmi ses adeptes. Le peuple parisien, très fanatique, voyait en lui le véritable, le seul défenseur de la foi nationale et de la royauté. Il reprochait amèrement à Henri III d'avoir donné ses meilleures troupes à Joyeuse et à d'Épernon, mignons de couchette, en laissant à Guise une armée insignifiante. La Sorbonne ne tardera pas à décréter que le pays est dégagé de toute obéissance envers un tel monarque, incapable de mettre fin aux troubles « et trop prodigue de concessions aux huguenots ».

Le prévôt des marchands, premier officier municipal, et ses quatre échevins, francs ligueurs et guisards, pouvaient avoir sur pied. d'un jour à l'autre, une garde bourgeoise formidable. Le roi recruta quatre mille Suisses, d'autres soldats, et défendit au duc de Guise de venir à Paris, où sa présence mettrait le feu aux poudres. Il passa outre à l'ordre de son maître.

C'est à lui que les gardes bourgeois, refusant celui du roi, demanderont le mot d'ordre !

Il le sait mieux qu'aucun légiste ou théologien : la généalogie qui le fait descendre de Charlemagne n'a aucune valeur; c'est un faux payé par lui. Mais la mollesse du roi, qui dort sur un lit d'épines, a fleuri pour Guise un chemin de roses. Guise veut la couronne : on peut dire qu'il l'effleura...

Au commencement d'avril, un conseil secret se tient au Louvre. La reine-mère y assiste : elle est la première à reconnaître au second Balafré tous les talents du premier. Comme son père, il parle, agit en véritable chef de parti. Catherine conseille de patienter, de laisser s'affirmer la rébellion de Guise et de la canaille, — métèques, ligueurs, bas clergé, curés, procureurs, hommes de loi, tous cherchant fortune en cette vase politique, — après quoi on sera impitoyable.

Quand son tour est venu de parler, d'Épernon proclame. comme seul remède à la situation, la suppression d'Henri de Guise... Tous le regardent... Il achève sa pensée en conseillant au roi, nettement, froidement, de faire tuer le duc s'il ose mettre les pieds au Louvre. N'a-t-on pas sous la main les Quarante-Cinq, — cette fameuse escorte personnelle nourrie et appointée par le roi? N'a-t-on pas le loyalisme du régiment des gardes? N'a-t-on pas les Corses du colonel Ornano, en les veines de qui coule le sang du grand patriote insulaire Sampiero d'Ornano? Lui-même, d'Épernon, offre de dépêcher le Lorrain d'un coup d'épée, dès qu'apparaîtra, dans la cour du Louvre, sa haute taille... Henri III se récrie contre l'assassinat d'un homme aussi populaire. Une heure après, selon lui, le palais serait pris d'assaut... D'Épernon insiste, conseille la plus vive résistance et engage le roi à faire pendre Bussi-Leclerc et les principaux complices du Balafré, comme entrée de jeu.

Le 26 avril, Henri III, toujours irrésolu, part pour Saint-Germain, où il passe sept ou huit jours, en compagnie du duc d'Épernon. Celui-ci, le 3 mai, est à Rouen. Il prend possession de son gouvernement de Normandie. Mais, peu de jours après, le roi lui écrit de ne point paraître à la cour, de quelque temps... Le duc devine que Guise a demandé, peut-être obtenu son renvoi et celui de son frère. Il faut patienter et tout observer.

En effet, Guise est à Paris, le 9 mai 1588. Il entend — délicieux plaisir! — crier : *Vive Guise!* sur son passage. La Ligue a travaillé ferme : l'Arsenal, le Châtelet, l'Hôtel de Ville, une partie des quais, sont au pouvoir des gardes bourgeois, dont les capitaines

quarteniers et les autres officiers touchent une solde
du Balafré. Un peu partout, vont se dresser des barricades.

Guise vient, est reçu par le roi, énumère ses griefs :
désordre financier, tyrannie du favori, trop de concessions aux calvinistes. Il insiste sur la gravité de la situation. Le roi le regarde avec colère et, finalement,
le laisse partir... Guise ne s'attendait pas à tant de
couardise. Ses amis constatèrent qu'il respira plus
aisément, une fois hors du palais.

Le 12 mai, Brissac conduit les plus enragés ligueurs
et se prépare à marcher sur le Louvre, décidé à tuer
le Valois, ou à le jeter dans un cloître. Le roi n'a
plus d'autre ressource que la fuite. Il s'échappe par la
porte Saint-Honoré, sort de Paris, s'arrête un instant
à Saint-Cloud, puis pousse jusqu'à Chartres, où il
établit le siège du gouvernement.

D'Épernon est toujours en Normandie. Pour la
première fois, Henri lui bat froid. Il a compris,
sans doute, que la haine du peuple et celle des Guisards lui viennent pour beaucoup de son favori. La
reine Louise est en séjour à Ollainville, où elle n'a rien
à craindre. Le Parisien, toujours galant, même en
temps de crise, distingue entre la femme et le mari.
Quant à Catherine, elle est restée au Louvre, d'où elle
surveille de près la révolte, — ce qui est d'une belle
imprudence, avec un homme aussi déterminé que
le second Balafré.

Il veut être désigné comme héritier du roi (le
Béarnais appartenant encore au calvinisme) ; il veut la

lieutenance générale du royaume, le renvoi de d'Épernon, le changement des ministres. Mais Henri III lui
refuse ce trophée de faveurs, qui équivaudraient à une
abdication.

Les Parisiens étaient inquiets sur les conséquences
de leur victoire. Ils envoyèrent à Chartres une députation composée de notables, conduite par un capucin, le frère Ange, le propre beau-frère du duc
d'Épernon.

On a vu qu'en 1581 Catherine de la Valette, sœur
du duc, avait épousé Henri de Joyeuse du Bouchage.
Après six ans d'une union sans nuage, Catherine
mourut, laissant un mari inconsolable. De chagrin,
Joyeuse se fit capucin sous le nom de frère Ange, et
passa du camp royaliste dans celui des Guisards.
Avant, pendant et après les Barricades, il joua un rôle
si actif qu'il devint populaire. La vie de cet enfroqué
occasionnel vaudra d'être contée, car elle ressemble à
un roman d'Alexandre Dumas. Homme de talent et
de cœur, au reste, le modèle des époux, — le seul,
peut-être, au xvɪ siècle, dont on peut dire qu'il ne
trompa jamais sa femme.

Malgré sa chaude éloquence, sa parenté avec d'É-
pernon, le frère Ange n'obtint rien du roi. Henri III
répéta aux envoyés de Paris qu'il rentrerait dans sa
capitale par la brèche, après avoir fait justice de ses
ennemis. Mais le renvoi du duc d'Épernon approche.
L'heure de la vengeance a sonné pour Villeroy.

VI

Le 20 mai 1588, payant d'audace, comme Guise, d'Épernon vint à Chartres, où Henri III le reçut froidement. Toujours fier et monté sur sa crête, le duc devança la disgrâce qu'il sentait planer sur lui : il se démit du gouvernement de Normandie et de l'amirauté. Ce geste ne manquait pas de dignité; mais le favori s'illusionnait encore sur l'affection d'Henri III. Voluptés, plaisirs, turpitudes de ruelle à part, le Valois n'aimait vraiment personne.

D'Épernon fut mis en demeure d'abandonner ses autres charges, sauf les gouvernements d'Angoumois, Aunis et Saintonge, ou celui de Provence, à son choix, qu'on lui laissait comme consolation : il refusa.

En effet, le 15 juillet, revirement complet : le roi de France accorde à son rebelle sujet Henri de Guise tout ce qu'il lui refusait au mois de mai : lieutenance générale, places de sûreté, extirpation de l'hérésie, convocation des états à Blois, renvoi de d'Épernon et des autres mignons. Guise prend possession de sa charge, perçoit les impôts, se donne des airs de roi.

La duchesse d'Épernon avait accompagné son mari. Soumise, par devoir conjugal, aux volontés de Jean-Louis, elle quitta Chartres avec lui, le duc ayant manifesté la volonté formelle de se retirer à Angoulême. Le 4 juin, lui et la duchesse sont au château de Loches, avec trois cents gentilshommes. Ils y font un assez long séjour, fort bien accueillis et fêtés. En juillet, l'accord de Guise et d'Henri III donne à réfléchir au favori déchu. Il écrit à Bellièvre, — le seul ami qu'il compte dans le ministère, — pour tâter le terrain, savoir s'il peut espérer...

Sa lettrè est du 11 juillet. Bellièvre dut en parler au conseil, puisque, à quelques jours de là, le roi fait officiellement ordonner au duc de *ne plus venir à la cour*. Mieux que jamais, il refuse de se démettre, à part la Normandie et l'amirauté ; et cet entêtement n'avance point ses affaires, malgré la lettre qu'il adresse au roi pour protester de son dévouement.

Le 27 juillet, au matin, il entre à Angoulême avec la duchesse et leur suite. L'après-midi même, un ordre royal, contresigné *Villeroy*, arrivait de Chartres, qui enjoignait aux autorités de ne recevoir *aucun commandant*, dans Angoulême, jusqu'à nouvel avis. Le duc n'était pas nommé ; mais il comprit. D'où un accès de terrible colère... Le lendemain, il écrivit au roi une lettre de suppliant, où il appelait Henri III « mon cher tout ».

Villeroy avait rappelé au roi les torts moraux que lui a causés de tout temps d'Épernon, la cruelle impopularité de cet homme, dont les façons d'agir blessent tout le monde, à la cour, dans les provinces, aux armées. Le duc est, en secret, le chef du parti catholique *espagnolisé*. Il est comme un danger public... Le roi écouta son secrétaire d'État d'un air pensif. Villeroy, avec l'intuition qui lui venait de son acquis politique, Villeroy, l'homme des dépêches, insista et fut éloquent.

Le roi l'autorise à écrire au maire d'Angoulême, François Normand de Puygrelier, la lettre dont on a parlé plus haut et la signe de son cachet. On n'a jamais su pourquoi cette lettre arriva trop tard.

D'Épernon s'était installé à Angoulême. Sûr de l'amitié du prévôt Barets et de l'obéissance de Desbordes, commandant de la citadelle, le duc habitait le *Logis du roi,* — sa résidence de gouverneur, — flanqué d'une tour du XIIIe siècle, reste de l'ancien château des comtes d'Angoulême. Il allait parfois à pied dans les rues, souriait aux notables, se préparait à donner un carrousel. Passionné cavalier, il galopait, tous les matins, autour de la ville, pendant que Mme d'Épernon s'occupait d'œuvres charitables.

Le gouverneur de l'Angoumois avait auprès de lui son beau-frère, le comte de Brienne, et une fort respectable maison.

Le maire Normand de Puygrelier, ligueur dans l'âme, connaissait le triomphe du duc de Guise sur le favori. Il s'étonna, auprès des consuls, que le roi tolérât aussi longtemps d'Épernon dans Angoulême.

Presque tous les habitants sont partisans d'Henri de Guise. Angoulême figure parmi les villes les plus politiciennes du royaume. Un de ses enfants, Poltrot de Méré, a tué un duc, le premier Balafré, François de Guise; un autre, Ravaillac, tuera un roi... Les catholiques l'emportent en nombre sur les protestants, mais ils sont tous de l'opposition. Guise est leur dieu ; d'Épernon, qui les a fait molester par le fisc en majorant les taxes, représente pour eux le diable.

Entre un gouverneur altier, prévaricateur, et un maire tranchant et hardi, soutenu par ses concitoyens, les picoteries d'amour-propre et les conflits sont, en quelque sorte, permanents. Le maire voulut faire honneur à son parti.

Souchet, son beau-frère, se rendit à Chartres, auprès d'Henri III et de Villeroy. Il les assura que, d'Épernon correspondant encore avec les huguenots, son alliance avec le roi de Navarre serait très nuisible à la couronne. Finalement, Henri autorisa les ligueurs d'Angoulême à s'emparer de d'Épernon, sans lui faire de mal. Dès que Souchet revint, le maire ne songea plus qu'à mettre la main sur le duc. Dépassant de beaucoup la pensée du roi, Normand de Puygrelier prépara un guet-apens dans lequel d'Épernon trouverait la mort.

Le 10 août 1588, au matin, le duc quitta le château pour aller cavalcader aux environs. Il rencontra le maire et l'invita, dit-on, à dîner. Rentré chez lui, il conférait avec l'abbé d'Elbène, lorsque la porte de son cabinet fut soudainement assaillie de huit ou dix individus, conduits par le maire, qui lui cria de se rendre ou de mourir. D'Épernon eut à peine le temps de se barricader et répondit qu'il les ferait tous pendre...

Normand s'était emparé, d'abord, du commandant

de la citadelle. Il avait fait ensuite battre du tambour
et sonner le tocsin. On s'arma de piques, de serpes ;
on décrocha de leur clou les arquebuses. Une multi-
tude de furieux ligueurs, aux ordres du maire, bientôt
suivis de la lie de la population, se ruèrent contre le
château. D'Épernon aurait pu tout apaiser, peut-être,
en partant pour sa terre de Plassac, assez proche
d'Angoulême. Il ne pouvait s'expliquer cette subite
révolte. Depuis son arrivée, il vivait à peu près en
paix avec le maire et les citadins. D'ailleurs, son
orgueil n'admettait pas qu'on pût l'assiéger chez lui !

Dans la première salle du château, la bande du
maire tua Sorlin et un gentilhomme, pendant que les
ligueurs barricadaient les rues en criant que d'Épernon
voulait livrer Angoulême aux huguenots. Une troupe
armée gardait l'hôtel de ville.

Le duc organisa de son mieux la défense du château. Il fit tête à tout, fut présent partout. Lui et sa
poignée de gentilshommes réussirent à enfermer leurs
agresseurs dans la grosse tour. Il y eut là des morts,
des blessés, parmi lesquels François Normand, atteint
à la tête d'un coup de pistolet, et qui mourut dans la
nuit.

Ici. on doit admirer le duc. Il fit preuve d'une mâle
énergie, d'un merveilleux courage. Sous d'affligeantes
et ineffaçables tares, l'homme de la Renaissance re-
parut. Le mignon, le baladin, l'aventureux se retrouva soldat, et magnifique soldat. On n'avait,
comme vivres, qu'un peu de pain, quatre bouteilles
de vin et pas d'eau ! La lutte durait depuis neuf heures

du matin. Le duc s'étonnait fort du silence de la citadelle. Il se demandait de quel ordre lui venait ce guet-apens furieux ; mais un saut de pensée lui rappela la froideur d'Henri III et l'hostilité, d'ailleurs légitime, de Villeroy, depuis certaine insulte en plein conseil.

Quoique l'ayant passablement trompée, il aimait sa femme et trembla pour sa vie. La duchesse d'Épernon était allée entendre la messe, à l'église des Jacobins, accompagnée de deux écuyers et de son ancienne gouvernante, la vieille Mlle de Cusson. Attaquée en route par l'émeute, elle eut sa robe éclaboussée du sang de ses écuyers, l'un blessé, l'autre tué devant elle. Emmenée prisonnière au couvent des Cordeliers, on la somma de se rendre au château et d'obtenir de son mari qu'il évacuât à l'instant la place et se livrât sans conditions. Elle refusa net.

Après le mari, louons la femme.

Marguerite de Foix, fille et petite-fille d'hommes de guerre, se montra digne de son père, de sa patrie, d'une longue suite d'illustres aïeux. Ces exemples de bravoure féminine, en notre xvie siècle, ne sont point rares. Volontiers les femmes montaient à cheval, faisaient le coup de feu, pour le roi ou pour la Ligue. La poétesse Louise Labé figurait au siège de Perpignan. Les dames de Marseille, de Péronne, de Nice, défendaient leurs villes à côté de leurs maris... Menacée bientôt d'être mise à mort, la duchesse déclara fièrement, noblement, qu'elle et son mari n'obéiraient jamais qu'au roi. Gardée à vue, insultée, elle conserva jusqu'au bout son admirable attitude... On força d'aller au château, à sa place, Mlle de Cusson, à demi morte de peur; mais d'Épernon lui intima l'ordre de se retirer et n'écouta rien.

De son côté, impatient d'en finir, il envoya l'abbé d'Elbène aux chefs du tumulte, pour les engager à rentrer dans le devoir, faute de quoi les prisonniers de la tour paieraient leur dette. On lui répondit que des troupes royales allaient arriver et qu'on aurait raison de « Monseigneur ».

Le lendemain 11 août, la garnison du château était à bout de forces : pas de nourriture, pas de sommeil, pas de poudre! On sut alors que, la veille, un écuyer du gouverneur avait pu galoper jusqu'à Saintes et prier M. de Tagent, cousin du duc, d'envoyer la cavalerie légère à son secours. Les trompettes de Tagent sonnaient déjà dans les faubourgs, et la citadelle tirait enfin sur la ville! Le maire, cause de tout le mal, n'existait plus... L'émeute capitula, détruisit ses barricades, remit en liberté la duchesse d'Épernon. On releva les blessés, on enterra les morts; et l'on décida, des deux côtés, que personne ne serait puni de tous ceux qui avaient pris part à cette émeute de quarante heures.

La nouvelle de l'événement s'était répandue dans la campagne et dans les villes. Le gouverneur avait, par toute la province, des amis, des créatures, des clients. On leva rapidement, en son nom, des troupes; on trouva, pour les commander et les guider, quelques vieux officiers en congé, disponibles, ou prenant

un peu de repos dans leur branlante gentilhommière.
Mais l'heure des pistolades était passée... De son côté,
le roi de Navarre, prévenu, avait envoyé au secours
de d'Épernon un gros de cavalerie, commandé par
La Rochefoucauld. Elle arriva en même temps que
celle de Tagent. Le Béarnais tenait à ménager le gouverneur d'Angoumois, Saintonge et Aunis, en qui
il voyait un allié possible. L'ordre étant rétabli, les
troupes regagnèrent leurs quartiers.

D'Épernon, fidèle à l'accord, ne pendit aucun An-
goumoisin, mais il fit probablement payer à la ville
les frais de l'émeute. En France, quand tout ne finit
point par des chansons, tout finit par des impôts.

L'ancien donjon d'Angoulême, où naquit la première Marguerite de Valois, celle de l'*Heptaméron*,
est aujourd'hui enclavé dans le moderne hôtel de ville.
Les passants ne se doutent point, en levant la tête
vers ses créneaux, que là furent cueillis les seuls lau-
riers dont le duc d'Épernon ait le droit de s'enor-
gueillir.

Les pouvoirs donnés au duc de Guise consacraient
et légalisaient l'association royale et catholique. La
Ligue levait le masque, affirmant hardiment son rêve
d'évincer à la fois Valois et Navarre au profit de
l'homme des Barricades. Le duc d'Épernon, trans-
figuré par les pénibles journées qu'il venait de vivre
et fier du dévouement de sa femme, écrivit au roi une
nouvelle et respectueuse lettre, où il versait toute
l'amertume de son cœur.

Il ne pouvait croire à la trahison de son prince et

souverain seigneur, de celui qu'il considérait comme
son père. Henri III, parfois pince-sans-rire, railleur à
froid quand il le voulait, fit une réponse riche de
cautèle. Il avouait l'ordre donné aux ligueurs d'Angoulême ; mais il avait donné cet ordre *simplement
pour qu'on lui ramenât son fils bien-aimé, afin de s'entendre avec lui...* Une idée fixe s'implante dans l'esprit du monarque : celle que tous les complots dirigés
contre lui ont pour cause la faveur de d'Épernon.

Les états devaient s'ouvrir à Blois le 15 octobre 1588.
D'Épernon s'y rendit de son propre mouvement.
Henri III et sa mère s'y trouvaient en compagnie de
la garde personnelle, les Quarante-Cinq, presque tous
Gascons, et qui passaient le temps à jouer, à fourbir
leurs épées, tout en proférant des *Cap dé you!* et des
Mordiou! à l'adresse des ligueurs. La situation devint
si tendue, le roi si épouvanté de l'audace de Guise,
que les mieux informés, les perspicaces, virent dans la
mort de l'un des deux adversaires le dénouement naturel de la crise. On prononçait tout bas, au château
de Blois, le nom de la victime ; et ce nom n'était pas
celui du roi...

Le duc de Guise, élégant et brave, méprisa jusqu'au
bout les avertissements. Il est dans la nature des audacieux et des grands manieurs d'hommes de croire en
leur étoile. Il semble que les périls de l'ambition ajoutent à ses charmes et à ses plaisirs. Guise alla se loger,
non dans son hôtel de la rue Chemonton, mais au
château même. On l'entendit fredonner, en traversant
la cour, la jolie villanelle de Desportes :

> Rosette, pour un peu d'absence,
> Votre cœur vous avez changé...

Le vendredi 23 décembre au matin, mandé au conseil, il eut une défaillance et crut se remettre en mangeant quelques *tridets,* des prunes de Brignoles, fort en renom... Des coups de poignard tranchèrent la question de la succession au trône.

Le lendemain, on tua le cardinal de Lorraine. On jeta au vent les cendres des deux frères. Peut-être Henri III avait-il lu Eusèbe de Césarée : *Quia omnia quæ martyrum erant, cremabant, et cineres in Rhodanum spargebant, ut cum corporibus interiret eorum quoque memoria...* Avec un pareil personnage, tout est possible.

Les princes lorrains expédiés, le roi sembla pardonner au duc d'Épernon et lui donna le commandement militaire de la ville de Blois. A Paris, le peuple détruisit, dans Saint-Paul, les tombeaux des mignons.

Catherine de Médicis agonisait, en son appartement du château. Ses dernières épreuves avaient été trop fortes pour elle. Cette femme d'airain subit la loi commune, le 5 janvier 1589, emportant dans sa tombe bien des secrets. A peine eut-elle expiré « qu'on n'en fit pas plus d'estat que d'une chèvre morte », dit brutalement le *Journal du règne d'Henri III.*

Le rapprochement avec Henri de Navarre s'imposait. Le duc d'Épernon, sûr de l'approbation tacite du roi, y travailla de toutes ses forces.

Le 28 janvier, par lettre datée de Niort, le roi de Navarre remercie chaudement d'Épernon. Les nuages sont dissipés entre eux, tout au moins du côté de l'épistolier.

Cette lettre amicale dut chatouiller la vanité de d'Épernon. Henri savait par où le prendre. La prévoyance du duc alla-t-elle jusqu'à croire que l'assassinat de deux Lorrains, l'emprisonnement des autres, serviraient de préface au meurtre d'Henri III? C'est douteux ; mais d'aucuns le pensaient pour lui.

Le 23 mars, le roi de France transporte son parlement à Tours. Quant à d'Épernon, sans plus parler à son maître du guet-apens et de l'émeute d'Angoulême, il alla lever des troupes en Aunis, Saintonge et Angoumois, faisant appel principalement à la noblesse. Il fut écouté, et l'on monta à cheval.

Bernard Ier de la Valette, rétabli dans sa lieutenance générale du Dauphiné, était reparti avec une patente de général d'armée, bientôt accompagnée d'une autre : celle d'amiral du Levant. Il en profita pour fortifier les places de cette province et les ports provençaux.

A Paris, la Ligue, le duc de Mayenne et la duchesse de Montpensier — le frère et la sœur des princes tués à Blois — bouleversaient la ville. Jamais race royale, mieux que celle des Valois, n'entendit souhaiter son extinction. C'était à qui soufflerait sur ce flambeau, passé à l'état de chandelle. Mayenne était acquis au roi d'Espagne. Le parlement de Paris, à la suite de l'embastillement de soixante de ses membres, approuva le décret de Sorbonne qui déliait les Français du serment de fidélité. La Ligue eut ses mômeries, ses états généraux, ses fanfaronnades, ses processions de moines armés et cuirassés, — débordement de mascarades comparables aux descentes de la Courtille et sujets dignes de Breughel et de Callot.

La bulle d'excommunication, dont le pape menaçait les deux Henri, faisait rire celui de Navarre, mais rendait soucieux celui de France. Il était temps pour Valois et Bourbon de signer une alliance sincère, absolue, faute de quoi la nation allait périr dans une épouvantable anarchie.

Le pacte fut enfin scellé au château de Plessis-lès-Tours, le 3o avril. A ce moment, l'activité du duc d'Épernon fait merveille. Il avait réussi à recruter d'abord douze cents arquebusiers, puis un corps de deux mille fantassins et six cents gentilshommes de bonne volonté, bien armés, bien équipés. Il les conduisit au roi, à Tours. Le corps de d'Épernon, les troupes royales et l'armée calviniste se mirent en mouvement avec ce seul mot d'ordre : *Paris!*

Les deux rois et le duc marchèrent vers la Loire, prirent l'une après l'autre les villes de Jargeau, Pithiviers, qui s'appelait alors Pluviers, Étampes. Le duc d'Épernon enleva Montereau. On prit ensuite Poissy, Pontoise, où le Béarnais faillit être arquebusé par un ligueur. A Étampes, le duc d'Épernon tua de sa main un dragon qui volait un ciboire d'or. Pendant la marche sur la Loire, le roi de Navarre demanda au duc, colonel général, une compagnie d'infanterie pour Antoine de Gramont, fils de Corisande, et l'obtint aussitôt. Quinze mille Suisses vinrent renforcer les trois armées, qui comprirent alors quarante-deux mille hommes.

A la fin de juillet, Henri III, d'Épernon, Dampierre, premier maréchal de camp, dressèrent leurs tentes à Saint-Cloud. Le roi s'installa dans le logis nommé « la Maison rouge ». Henri de Navarre, accompagné de La Force, de Roquelaure, de Châteauvieux, de d'Aubigné, plaça son quartier général et ses troupes à Meudon. Le maréchal de Biron veillait aux cantonnements.

A Jargeau, le 20 juin, s'était produit un incident grave, s'il faut en croire d'Aubigné. Le duc d'Épernon, voulant expliquer au Béarnais ses préparatifs de siège, le fit passer par un chemin des plus dangereux, — si dangereux, en effet, qu'un parent de d'Épernon, le mestre de camp Houillez, et un autre officier tombèrent raides morts. D'Aubigné ne mâche pas ses mots. Il écrit carrément que le roi de France, averti, parla au duc comme ayant voulu faire tuer son frère de Navarre, et en termes « qui sonnaient autre chose que l'ancienne amitié » pour le grand mignon.

N'oublions pas que d'Aubigné n'aimait point d'Épernon. Ce rigide et austère huguenot, ce grand poète satirique, était tout d'une pièce. Corisande, elle-même, si dévouée au roi de Navarre, si intelligente et active à lui recruter des amis et des soldats, fût-ce aux dépens de sa bourse, — Corisande n'a pas échappé aux sarcasmes de d'Aubigné, qui l'appelle « la garce en quartier ». La foi religieuse, la prévention, poussées jusqu'à leur extrême limite, jouent souvent de ces mauvais tours aux esprits les mieux doués.

Les généraux de la Ligue, Mayenne et d'Aumale, battus, dépités, voyaient se dessiner devant eux un formidable arc de cercle et pressentaient une défaite. Les Guisards et Mme de Montpensier endoctrinèrent si bien le jeune jacobin Jacques Clément qu'il accepta de « s'immoler pour la gloire de l'Église chrétienne », c'est-à-dire de commettre le premier régicide qu'on ait vu en France.

On connaît les détails de l'assassinat : le 1er août 1589, à huit heures du matin, au sortir de sa garde-robe (presque la fin d'Élagabal !), Henri III fut frappé d'un coup de couteau au-dessus du nombril, et mourut dans la nuit, non sans avoir proclamé comme son légitime successeur Henri de Navarre.

De son côté, la Ligue choisit pour roi, sous le nom de Charles X, le vieux cardinal de Bourbon, un oncle d'Henri IV, alors prisonnier à Tours. Rien n'est comique à voir comme la couronne posée sur la calotte de « ce roi de peinture et de théâtre », dans les pièces de bronze et les testons d'argent frappés par les ligueurs. Mayenne s'attribua modestement la lieutenance générale de l'État.

Jean-Louis de Nogaret assistait à l'agonie de l'homme qui, le tirant de l'ombre, l'avait fait si riche et puissant.

Le 2 août, il entendit les fidèles du Béarnais le reconnaître pour roi de France et de Navarre. Il ne s'associa point à cet acte solennel, ou garda une réserve qui attrista les assistants, sans les étonner, étant donné l'homme. Son corps d'armée eut l'ordre d'attendre et obéit.

Mais, le 3 août, le duc d'Épernon signa, en compagnie de onze autres témoins, une pièce fort importante, symptomatique, et qu'a retenue l'histoire : le *Certificat de plusieurs Seigneurs de qualité qui assistèrent le Roy depuis qu'il fust blessé jusques à sa mort.*

Charles d'Orléans, grand prieur de France, signe le premier ; puis vient « J. Loys de la Valette, Duc d'Espernon, qui l'a assisté jusques au dernier soupir et a ouï ce que dessus de ses oreilles ». Signent à la suite : Biron père ; Roger de Bellegarde, grand écuyer ; François d'O, gouverneur de Paris, surintendant des finances ; de Châteauvieux, premier capitaine des gardes du corps ; Charles de Balzac, capitaine des gardes ; Manou, capitaine des gardes ; Ruzé, secrétaire d'État ; Charles du Plessis, premier écuyer ; Louis de Parades, aumônier ; et Étienne Bologne, chapelain ordinaire du roi, qu'il avait confessé.

D'Aubigné s'émut de la suspecte attitude du duc d'Épernon. Il le supplia presque, en le flattant, de ne pas abandonner Henri IV, dans l'émouvant discours prononcé par lui, devant le nouveau roi, pendant que deux minimes veillaient le corps d'Henri III : « Quant « au duc d'Espernon, que je tiens le plus considérable « de vostre armée, *il est trop judicieux pour manquer* « *à son devoir...* »

Après le miel, vient l'absinthe. D'Aubigné ne compte pas trop ramener d'Épernon, aussi donne-t-il au roi

ce hardi et très légitime conseil : « N'ignorez pas que
« vous êtes le plus fort ici ; voilà plus de deux cents
« gentilshommes de vostre cornette dans ce jardin,
« tous glorieux d'estre au roi. Si vostre douceur
« accoustumée et bien séante à la dignité roiale et les
« affaires présens n'y contredisoient, *d'un clin d'œuil*
« *vous feriez sauter par les fenestres tous ceux qui ne*
« *vous regardent point comme leur roi.* » Ni le miel ni
l'absinthe ne réussirent : d'Épernon avait son siège
fait ; il se réservait...

La mort du dernier Valois plongea dans la douleur
sa veuve. Louise de Vaudemont l'avait sincèrement
aimé, sans excuser ses folies carnavalesques et malpropres ; mais elle souffrait en silence, souhaitant de
lui un fils qui, peut-être, eût engagé le roi dans un
autre chemin.

A part les larmes de la reine, il laissa peu de regrets.
C'est le châtiment de cette espèce d'hommes. La
phrase de Suétone sur Néron me revient à la mémoire : *tale monstrum per quatuordecim annos per-
pessus terrarum orbis, tandem destituit...* Même durée
et même règne : en y réfléchissant, l'indignation de
l'écrivain romain peut s'appliquer à Henri III sans
l'ombre d'une injustice.

Une suite de chroniqueurs médisants, bavards,
anecdotiers, généralement bien informés des choses
du palais et de la ville, de l'alcôve et du boudoir, et
souvent bons coloristes, — Suétone, Brantôme, L'Estoile, Pepys, Tallemant des Réaux (j'allais oublier
Procope, l'auteur des *Anekdotai*, qui est de la même

famille), — ont traversé les siècles, écartant tous les rideaux, dénonçant toutes les turpitudes. Henri III relève de ces utiles écrivains plutôt que de la muse Clio. Dans la longue suite des rois de France, il est seul de son espèce ; il détient le record de la débauche, de l'insanité mystique. Ce Parisien du xvi° siècle aurait pu exercer la prêtrise dans Paphos et naître aussi bien à Byzance qu'à Venise ou Capoue.

Un soir, au dîner du roi[1], Henri III et du Perron, évêque d'Évreux, parlaient théologie. Ces deux syphilitiques étaient assis en face l'un de l'autre. Du Perron commença par fulminer contre les « athéistes », puis prouva, par de bonnes raisons, l'existence de Dieu. On l'écouta avec un intérêt *qui allait toujours croissant.* Sur quoi, l'étrange prélat, dont le scepticisme était notoire, dit au roi que s'il « voulait lui donner au- « dience le lendemain, il lui prouverait, par d'aussi « bons arguments, qu'il n'y a point de Dieu ». Colère d'Henri III, qui chassa l'homme violet de sa présence... Je ne crois pas à la sincérité de cette indignation : le roi aurait dû frapper du Perron d'une façon plus sensible. Mais la vraie religion d'Henri III, c'était le raffinement dans la volupté. Il est en monarque ce que Borgia fut en pape.

Chose remarquable : Élisabeth d'Autriche, femme de Charles IX, et Louise de Vaudemont, femme d'Henri III, vouèrent à leurs maris, par delà le tombeau, une fidélité aussi sincère et pure que celle gardée

1. Le 25 novembre 1583, selon P. DE L'ESTOILE.

de leur vivant. Toutes les deux, pourtant, furent trompées, trahies à plaisir par des époux plus que volages. Ces deux veuves ne consentirent jamais à se remarier, quoique fort sollicitées à ce sujet.

Lorsque Henri IV accepta la soumission de Mayenne, leur accord déclara la maison de Guise innocente de toute participation à l'assassinat d'Henri III. La reine Louise protesta avec beaucoup de dignité contre cet acquittement en affirmant que l'instigation du crime remontait à la duchesse de Montpensier, sœur du duc de Mayenne.

Élisabeth d'Autriche, retirée à Vienne, fut convoitée par Philippe II, qui la destinait à son fils. Elle refusa de donner un successeur conjugal à Charles IX. Le roi d'Espagne s'entêta, envoya même à la jeune veuve un Père jésuite pour la convaincre. Mais, comme l'envoyé insistait par trop, elle le prévint que, s'il continuait, *elle le ferait fouetter par ses valets dans les cuisines.*

Toute proportion gardée, ces deux rares créatures justifiaient d'avance le mot de Molière : « ... Et s'il me plaît, à moi, d'être battue... »

LIVRE DEUXIÈME

I

Il y eut, à l'avènement d'Henri IV, des cris et des grincements de dents. D'Entragues, d'O, son frère Manou, même le dévoué capitaine Châteauvieux, déclarent, à dix pas du prince, qu'ils ne souffriront jamais un roi huguenot. Un duc (qui pourrait bien être d'Épernon) leur dit assez haut : « Vous parlez comme des femmes ! » ce qui signifiait : Il faut agir.

Agir, c'était mettre en demeure le roi de choisir entre les deux religions, comme on dit bouilli ou rôti. La question officiellement posée par d'Épernon et d'O, le roi répondit avec dignité « qu'on le prenait à la gorge, mais qu'il était sûr d'avoir pour lui tous les catholiques qui aimaient la France et l'honneur ». Givry entra à ce moment et prononça de sa forte voix : « Vous êtes le roi des braves et ne serez abandonné que des poltrons. » D'Épernon jugea inutile de relever ce dernier mot, qui était, après tout, un appel au loyalisme des généraux et seigneurs alliés contre la Ligue.

Biron père amena, le 4 août, un renfort de Suisses. Sur une seconde mise en demeure, Henri IV donna sa foi et parole de roi « de maintenir exclusivement, dans le royaume, l'exercice de la religion romaine, réserve faite des libertés accordées aux réformés par l'édit de Bergerac ». Il fut alors reconnu roi par l'armée et par des personnages tous très qualifiés : Longueville, Conti, Biron, d'O, Chemerault, Châteauvieux, du Plessis, Bellegarde, Sancy. Mais, en dépit des efforts que firent pour le retenir Bellegarde et Roquelaure, le duc d'Épernon donna l'ordre, le 8 août, aux sept mille catholiques de Saintonge et d'Angoumois d'abandonner tout de suite le camp et de le suivre. La Trémouille, imitant cette défection, prit les champs avec neuf bataillons poitevins et gascons. En trois jours, l'armée royale fondit de moitié.

Il ne resta plus autour d'Henri IV que dix mille hommes de pied et quinze cents cavaliers : il n'hésita pas à partir avec eux à la conquête de son royaume.

La physionomie du duc d'Épernon prend alors le caractère qu'elle gardera devant la postérité. Il était âgé de trente-cinq ans, âge de pleine vigueur. En dix ans, par ses infâmes complaisances et quelques services, il était devenu presque roi de France. Duc et pair, colonel général, gouverneur d'Angoumois, d'Aunis, de Saintonge, de Provence, de Metz et du pays Messin, capitaine de Loches, gouverneur de Boulogne, il tenait sous sa forte main cinq provinces, une prison d'État, un port de premier ordre. Vraie pieuvre féodale, il jetait ses tentacules au Nord, à l'Ouest, au Centre, au Midi. Son frère administrait en son nom la Provence; mais Bernard Ier de la Valette se prononça tout de suite pour Henri IV, ne reconnaissant plus comme perturbateurs, ennemis du repos public et de la paix, que les ligueurs et les Espagnols.

Où irait d'Épernon en quittant Saint-Cloud? Il avait une vieille querelle à régler avec le sénéchal vicomte d'Aubeterre, — querelle motivée par des incursions dans les pays placés sous l'autorité de d'Épernon. Le duc n'hésita pas à châtier cet incommode voisin après avoir délivré Limoges.

Sa petite armée prit donc la route du Midi. Dès qu'on eut passé la Loire, elle se grossit de nombreuses recrues. Henri IV ne manifesta nulle colère contre la défection du duc. Il espérait que le temps et ses victoires l'amèneraient à résipiscence. Au reste, pour le moment, de plus cuisants soucis martelaient sa solide tête. L'épouvantable chaos dans lequel se débattait Paris attristait au suprême degré son cœur, si franc et patriote.

D'Aubeterre, chef protestant en Périgord, avait abandonné Henri IV pour se donner à la Ligue. Une de ses créatures, Maumont, simple capitaine d'infanterie, osa même provoquer en duel d'Épernon, qui, en sa qualité de colonel général, l'envoya promener au nom de la discipline militaire. Pendant que le duc campait à Saint-Cloud, d'Aubeterre avait essayé de prendre d'assaut Angoulême, Cognac et Saintes, mais il échoua devant ces trois villes. Toutefois, il réussit à s'emparer du château de Villebois et y installa, comme gouverneur, son frère, le baron d'Aubeterre. Au moyen de ce point d'appui, il put ravager et piller à son aise une partie de l'Angoumois.

On imagine sans peine la colère du duc d'Épernon. Dès son arrivée, d'Aubeterre, raffiné duelliste, lui adressa un cartel, qui fut dédaigneusement repoussé. D'Épernon s'était procuré en route quelques pièces d'artillerie. Il alla gaillardement assiéger Villebois, fit par un trompette sommer le gouverneur de lui rendre la place. L'autre ayant fait la sourde oreille, en huit jours d'Épernon prit Villebois. La garnison fut pendue ou tuée sans que le sénéchal, tapi dans son château d'Aubeterre, marchât au secours de son frère.

De là, le duc tira sur Nontron, qui tenait pour la Ligue, s'empara de la ville et du château. Deux fois, d'Aubeterre renouvela ses cartels. Le dernier fut présenté à d'Épernon par un simple tambour, à Saintes, où il était de passage. Les uns disent que le duc parla sans colère au tambour; d'autres prétendent qu'il le fit fouetter dans sa cuisine jusqu'à en mourir, — ce qui s'accorde beaucoup plus avec le caractère de l'homme. En même temps, il informa le sénéchal du Périgord qu'une fois ses affaires mises en ordre, il aurait de ses nouvelles.

On s'étonna fort qu'un simple vicomte comme d'Aubeterre osât défier un duc et pair colonel général, l'homme qui avait manié, pendant dix ans, toutes les affaires de l'État. En tant que duelliste, d'Épernon avait fait ses preuves en s'attaquant à Guise, à d'Ornano et à quelques autres.

Dans cette campagne contre d'Aubeterre, le duc malmena tant son adversaire à coups d'escarmouches, qu'il lui imposa l'abandon de la Ligue. Fort agacé d'avoir été mis sur les dents, d'avoir employé son armée à lutter contre ce moucheron, d'Épernon jura à ses fidèles qu'il tuerait d'Aubeterre ! La vicomtesse, nièce de Brantôme, impressionnée par cette menace, considéra son mari comme perdu et, dès ce moment, porta *l'attiffaict*, la coiffure des veuves. Finalement, au bout d'un an, Brantôme s'entremit et réussit à accorder d'Aubeterre et d'Épernon.

Le duc passa l'année 1590 en Picardie, où il battit le gouverneur duc d'Aumale, et à Angoulême. C'est dans cette ville que le sénéchal du Périgord obtint son pardon.

Le duc, malgré sa défection, conservait ses gouvernements ; le Béarnais lui en renouvela moralement l'investiture. Il eut alors comme un remords. Il se rendit auprès du roi et lui amena un secours de fantassins et de deux cents bons cavaliers, ce qui dérida Henri IV, déjà porté à l'indulgence. D'Épernon quitta Angoulême en laissant la duchesse enceinte de leur premier enfant. Marguerite, l'année suivante, accoucha d'un garçon : Henri de Nogaret de la Valette d'Épernon, dit de Foix, comte, puis duc de Candale.

Henri IV voulait s'attacher d'Épernon, en lequel il sentait un redoutable aventurier. Il le chargea, en 1591, de nettoyer la Touraine des derniers ligueurs qui la désolaient. Le duc revint à Angoulême par Loches.

Son armée s'éleva bientôt à dix mille combattants, gentilshommes et soldats, tous bien approvisionnés et munis d'une artillerie suffisante pour tenir la campagne. Il avait à peine pris contact avec l'ennemi que Thémines le priait de lui amener du renfort pour marcher au secours de la ville de Villemur, en Languedoc, assiégée par un autre Joyeuse.

D'Épernon envoya un fort détachement, mais lui donna l'ordre d'agir faiblement et, surtout, de ne pas courir les risques d'un combat. Joyeuse, se doutant peut-être des pensées secrètes de d'Épernon, s'abattit sur ce détachement, lui tua sept à huit cents hommes. Thémines, en vertu de la solidarité royaliste, vint au secours des troupes de d'Épernon et sauva ce qui restait. Mais le duc, prétextant de leurs pertes, rappela ses soldats et refusa, ainsi que le maréchal de Matignon, d'appuyer les opérations de Thémines, qui finit tout de même par entrer dans Villemur. Joyeuse, battu, se noya dans la rivière du Tarn, après avoir perdu trois mille hommes de pied et quatre cents chevaux.

Le duc d'Épernon avait hâte, maintenant, de partir pour la Provence, où la Ligue s'étendait, faisait la tache d'huile, de concert avec les Espagnols, qui venaient de prendre pied dans le pays. Bernard de la Valette joignait la lieutenance de Provence à celle du Dauphiné. Lesdiguières, chef des protestants, donnait une terrible chasse aux ligueurs; leur fanatisme s'augmentait des aptitudes guerrières en honneur sur cette terre allobroge. Lors de son séjour à Lyon, Henri III avait surpris cet effarant propos de Montbrun, alors chef des huguenots dauphinois : « Nous sommes en guerre, et je ne connais plus les ordres du roi lorsque *j'ai le cul sur la selle.* »

Avant d'aller guerroyer en Touraine, d'Épernon eut vers sa femme un tel élan de tendresse qu'il la quitta encore une fois enceinte. L'enfant qu'elle mit au monde, en 1592, était Bernard II, d'abord marquis, puis duc et pair de la Valette, finalement second et dernier duc d'Épernon.

Bernard Ier, de simple capitaine de cinquante hommes d'armes des ordonnances, passé général d'armée, s'affirmait, en Dauphiné, comme un habile stratège, brave jusqu'à la témérité. Des secours pouvaient venir aux ligueurs par la voie de Gênes et de Nice. Bernard, intelligent défenseur des intérêts d'Henri IV, jugea bon d'aller nettoyer d'ennemis la frontière d'Italie.

Il descendit donc en Provence et marcha sur le bourg de Roquebrune, place d'armes des rebelles. Il assiégeait cette bicoque depuis quelques jours, lorsqu'il fut tué d'un coup d'arquebuse, au pied du rempart, le 11 février 1592. Il n'avait que quarante ans et laissait la réputation d'un capitaine consommé. Sa mort affligea Henri IV.

Le duc d'Épernon demanda au roi les lettres patentes de la lieutenance générale du Dauphiné et les obtint sans difficulté, au dire de Sully. Il était imprudent de laisser gouverner tant de territoires par un homme remuant comme le duc. Il partit tout guilleret d'avoir rempli sa mission militaire en Touraine et d'avoir embrassé sa femme et ses deux enfants.

Dès son arrivée, d'Épernon fit sentir aux Provençaux le poids de son autorité. Son frère les gouvernait avec un gant de velours; lui les écrasa sous un fléau d'armes. Il augmenta les impôts, remplaça les autorités par d'autres à sa dévotion, supprima des privilèges municipaux. Les Marseillais, frappés dans leurs intérêts, le prirent en grippe. Il faut dire aussi qu'il malmenait de son mieux les ligueurs, à peu près maîtres, avec les Espagnols, du grand port méditerranéen, et tenait tête au duc de Savoie.

En 1593, il campait à Ceyreste, avec dix ou douze mille hommes de bonnes troupes, renforcés de temps à autre par des détachements venus de l'Angoumois. En Dauphiné, Lesdiguières conduisait à merveille les affaires militaires sans se préoccuper de l'administration civile. D'Épernon en profita. De Ceyreste, il marcha sur Antibes, l'enleva à la Ligue, y mit un gouverneur à sa solde. Saint-Tropez, qu'il assiégea ensuite, résista victorieusement à tous ses assauts. Reprenant à son compte le projet de son frère, il remonta vers la frontière et détruisit, à Montauroux, aux environs de Grasse, le fort Saint-Barthélemy. Il avait été beaucoup moins bien inspiré à Ceyreste, où ses soldats, stupidement, abattirent un monument attribué aux Romains.

La guerre de Provence dura quatre ans, mêlée de succès et de revers. L'année 1593 fut marquée avec la prise du château de Roquevaire, conquis par d'Éper-

non, mais amena une formidable extension de la
Ligue. Marseille éprouvait pour le gouverneur de
Provence une véritable horreur. Ceux-là mêmes qui
penchaient vers Henri IV se donnaient aux ligueurs,
dans l'espoir qu'ils les délivreraient d'un proconsul
avide, cupide, sensuel, qui prenait ses maîtresses dans
les filles de noblesse et de bonne bourgeoisie, et com-
mettait des excès de pouvoir inconnus avant lui.

Pamphlets et chansons flagellaient à plaisir le duc
d'Épernon, comme à Paris, sans parler des violences.

Les Provençaux, volontiers pacifiques, heureux de
leur soleil et de leur admirable climat, ont toujours eu
l'esprit poétique, mais cet esprit tourne à la satire
quand on les moleste par trop. La Provence s'était
donnée à la France depuis cent douze ans (1481). La
guerre y réveillait le vieil esprit de nationalité. On
opposait au despotisme de l'ancien mignon d'Henri III
les belles, molles et heureuses années de jadis, le temps
où régnait René d'Anjou, — espèce de roi d'Yvetot
dont le souvenir est resté légendaire sous le nom du
bon roi René. Ce fut, d'Arles au pont du Var, et de la
mer à la Durance, comme un ouragan de quatrains,
d'épigrammes, de satires, où l'esprit et la verve sura-
bondaient. Des milliers de cruelles chansons souhai-
taient, appelaient, à grand renfort de couplets nar-
quois et mordants, la pendaison du gouverneur :

> Lou beù moussu d'Espernon,
> Li faren perdé soun nom !

Le duc affectait de ne pas entendre. Et lorsque ses

familiers lui reprochaient de ne pas punir les auteurs de ce bourdonnement musical et satirique, il répondait, en précurseur de Mazarin : « Qu'ils chantent ce qu'ils voudront, pourvu qu'ils payent ! » On payait, en effet, on se saignait, mais avec des rugissements.

Rien n'intimidait cette nature de tyran, cette âme de fer, cet esprit où l'ambition, la soif de l'or, l'amour du pouvoir se heurtaient dans un fabuleux dévergondage parfois héroï-comique. Il rêvait un rôle que lui interdisait son talent. Déjà, en ce cerveau fumeux et chaotique, commençait à poindre l'idée de trahison, la criminelle pensée de se tailler un royaume, tout au moins une vice-royauté, à la faveur des luttes intestines qui dévoraient la France, et malgré les admirables victoires du roi : Arques, où périt le brave Châteauvieux, Ivry, miracles d'art, de bravoure et d'habileté.

La Ligue, à Paris, tombait en déliquescence. De 1588 à 1593, Mayenne, les Seize, les Espagnols, firent de la capitale un enfer, où le grotesque le disputait à l'imbécillité. Déjà sifflait aux oreilles d'un ramassis de traîtres, d'intrigants, de tarés, de métèques, ce merveilleux pamphlet, la *Satyre Ménippée*, — œuvre de robins, de poètes, de bourgeois patriotes, écœurés par la monstrueuse alliance des ligueurs et de l'Espagne et ne songeant qu'aux intérêts de la patrie...

En cette année 1593, le duc d'Épernon fut frappé dans ses rares affections. Marguerite de Foix, duchesse d'Épernon, soleil de grâce, mourut à Angoulême, après six ou sept jours de maladie, au commencement du mois de décembre.

Fort peu de semaines avant, elle avait eu son troisième enfant : Louis de Nogaret de la Valette, dont la légendaire laideur compte parmi les plus singuliers caprices de la nature. Les suites d'un douloureux accouchement coûtèrent la vie à cette femme de tempérament délicat, — vraie fleur humaine qui résista pourtant à de dures épreuves morales.

On a vu de quelle hauteur d'âme elle donna les preuves, lors de l'émeute d'Angoulême. Elle avait à peine vingt-six ans ; et son influence personnelle aurait peut-être détourné d'Épernon de l'odieuse attitude qu'il prit à l'égard de son roi, l'année suivante.

Brusquement assaillie par la mort, la duchesse, qui aimait la vie, s'y raccrocha de toutes ses forces, appelant auprès d'elle les meilleurs médecins et implorant Dieu avec une touchante ferveur. Vint un moment où ceux qui la soignaient et ses femmes de confiance laissèrent voir par leurs pleurs qu'il n'existait plus, pour elle, aucun remède. — « Est-il vrai ? » demanda la pauvrette en levant ses beaux bras blancs et frappant ses mains l'une contre l'autre. « Laissez-moi faire ; je vais donc bravement me résoudre. » — Elle attendit la mort avec patience, d'un visage franc, d'un cœur assuré, et s'éteignit doucement, la prière sur les lèvres, laissant à tous d'éternels regrets et le souvenir d'une des « plus belles et agréables dames de son temps ». (Brantôme.)

La duchesse d'Épernon avait été dame d'honneur de la reine Louise. Elle partageait les sentiments pieux de la veuve d'Henri III. Elle fut, à la cour, comme une apparition. Personne n'eut mieux qu'elle le don de charmer et de plaire. On ne sait si d'Épernon était auprès d'elle au moment de sa mort ; mais on ne peut douter qu'il lui donna des larmes, lorsqu'il fit transporter son cercueil à Cadillac...

La Ligue triomphait, faisait feu des quatre pieds en Provence. Vers 1578, Marseille avait pour gouverneur Bon de Mœillan, chancelier de Saint-Michel, — « collier à toutes bestes », — médiocre administrateur pour cette ville, où tant d'intérêts sont à défendre. Les agents d'Henri de Guise ne firent qu'une bouchée de l'indolent Mœillan. On n'ignore point que le comité ligueur de Paris créait des associations filiales en province, enveloppant ainsi la France d'un vaste réseau de propagande et d'intrigues. Le grand prieur qui gouvernait la province avait été assassiné en 1585. Après quelques mois d'anarchie, Bernard Ier de la Valette rétablit un peu d'ordre dans le pays, tout en y faisant la guerre au nom d'Henri IV. Le duc d'Épernon, qui vint ensuite, en juin 1592, gâta tout par sa violence. Non seulement il ne put chasser les Espagnols, mais il s'entendit secrètement avec eux, quitte à les jeter par-dessus bord quand il *régnerait* sur la Provence et le Dauphiné.

L'année 1594 voit de vilaines combinaisons, de sales marchandages. D'Épernon reçoit les agents de Philippe II, dans l'espoir que le roi d'Espagne l'aidera à se tailler son « royaume d'Austrasie ». Pendant qu'ils palabraient en Provence, les Espagnols recommencent la guerre en Picardie. Leur double attaque se dessine. La Capelle tombée, Henri IV dut assiéger Laon. D'Épernon se réjouit de savoir cette ville aux mains de l'ennemi. Comme dit Victor Hugo, « c'est une chose étrange que la facilité avec laquelle les coquins croient que le succès leur est dû ».

A la même époque, il se met en relations avec deux autres ennemis de son roi, deux criminels : Charles de Valois, comte d'Auvergne, et François de Balzac d'Entragues. A ces trois compères se joignit le second maréchal et duc de Biron, Charles de Gontaut, dont le caractère altier, ingrat, indiscipliné, ressemble beaucoup à celui de d'Épernon. Biron tenait tout d'Henri IV, qui l'avait même nommé amiral de France en 1592.

Charles de Valois, d'Angoulême et d'Auvergne, grand prieur de France, était le fils adultérin de Charles IX et de sa maîtresse Marie Touchet. Cette Marie Touchet, fille du lieutenant civil d'Orléans, fut épousée par Balzac d'Entragues, qui eut d'elle Henriette de Balzac, la criminelle maîtresse d'Henri IV. Le comte d'Auvergne, ce fantoche, s'imagina que le sang des Valois donnait à leurs bâtards des droits à la couronne.

En vue d'y atteindre, — Henri IV n'ayant point d'enfants de Marguerite, à peu près répudiée depuis 1587 et emprisonnée à Usson, — il fit appel à ceux dont l'ambition et la cupidité pouvaient étayer ses ridicules prétentions. Lui, son beau-père d'Entragues, autre répugnante marionnette, d'Épernon et Biron formèrent, dès 1594, un quatuor de rebelles *la-*

tents, si l'on peut ainsi parler. Biron, qui dément une fois de plus le proverbe *tel père, tel fils*, Biron, présomptueux et emporté, avait même menacé Henri IV de passer à l'ennemi, sous prétexte que le roi lui refusait le gouvernement de Laon. En quoi le Béarnais avait mille fois raison, — cette place, voisine des Pays-Bas, pouvant faciliter une invasion entre des mains suspectes.

Le roi apprit ces vils tripotages, ces projets audacieux, par Rosny, toujours vigilant, et des lettres du gouverneur de Paris. A partir de ce moment, il fit guetter d'Auvergne, d'Entragues et Biron par sa police, et prit à l'égard du duc d'Épernon son attitude définitive : il le ménagea, le cajola, l'appela *mon cousin* ou *mon ami*, mais le surveilla de très près sans que le duc en eût vent. Tout de même il lui fit sentir que, roi, il entendait être loyalement servi.

Le duc d'Épernon possédait, en Provence et en Dauphiné, quarante places plus ou moins fortifiées, mais où son autorité était reconnue. L'ambition éteignit si bien en lui le sens politique, qu'il ne devina point le jeu de l'Espagnol. Philippe II avait besoin de d'Épernon, certes ; mais il l'amusait par un faux espoir ; il travaillait pour lui, d'accord avec le duc de Savoie.

Son but est d'attaquer la France au midi, comme il l'attaque en Picardie et en Flandre. Il lui faut un point d'appui, et Marseille en est un merveilleux.

Henri IV, instruit par l'expérience et l'exemple de sa belle-mère, Catherine, a des amis, des espions un peu partout. Le cardinal d'Ossat, son ambassadeur auprès du pape, lui envoie de Rome des courriers qui passent par la Provence. Or, d'Ossat, patriote et fin diplomate, découvre, à l'aide de ses agents, qu'il y a partie liée entre d'Épernon, l'Espagne, la Savoie. Il informe le roi de cette trahison. Villeroy, redevenu secrétaire d'État en 1593, et Rosny, surintendant des finances, rappelèrent au roi l'éternelle désobéissance de d'Épernon.

Henri IV vient de signer un accord avec la veuve et le fils d'Henri de Guise. L'héritier du Balafré est en faveur. Il se servira de lui.

Subitement, en novembre 1594, une belle et bonne révocation s'abat comme une massue sur d'Épernon. Le roi lui retire le gouvernement de Provence et lui donne pour successeur Charles de Lorraine, duc de Guise, celui qui se nommait le prince de Joinville quand son père fut assassiné. Guise a de pleins pouvoirs et amène une petite armée.

Un duel à mort s'engage entre lui et d'Épernon, qui a, de plus, affaire à Lesdiguières et à d'Ornano, deux terribles jouteurs, les armes à la main. L'entrée d'Henri IV à Paris, le 22 mars 1594, sa victoire de Fontaine-Française en 1595, entraînent la soumission de plusieurs villes. Les Provençaux comprennent que la guerre finirait par les ruiner : ces chansonniers sont, avant tout, des hommes de mer, de trafic, de commerce. Le nouveau gouverneur fait s'écrouler la Ligue devant lui, comme un château de cartes. D'é-pernon, qui est allé défendre Sisteron contre Lesdiguières, se voit chasser de cette ville. En janvier 1595, il assiège et prend le château de Forbin, à Solliès. Mais ses affaires vont si mal, qu'en mai il demande une trêve, car Toulon attend les Royaux.

Le 8 juin, de Dijon, Henri IV écrit au connétable de Montmorency, oncle de la regrettée Marguerite de Foix, et le prie de s'employer à prolonger la trêve jusqu'à la fin de juillet. Il l'informe que d'Épernon, traître à son roi, négocie maintenant avec le duc de Mayenne, s'engageant à se déclarer pour le duc à la fin de ce mois. En effet, d'Épernon a envoyé son agent secret, le capitaine Cadet, porter à Mayenne cette nouvelle offre de rébellion. Mais le Lorrain, qui en a assez, prépare sa soumission et, comme première mise, il envoya au roi la coupable lettre de d'Épernon.

La réponse du roi est d'une remarquable modération, venant d'un homme qui a le droit de faire tomber la tête d'un traître, et prouve la grandeur d'Henri IV. Il lui répugne de se croire trahi, après tant de grâces semées par lui et de services rendus à l'État. Comme tous ces seigneurs surdorés comprennent peu leur roi légitime, le génial maître, qu'ils devraient admirer et servir à genoux ! Tous parlent comme parlera la Médée de Corneille : *Moi, dis-je, et c'est assez...* L'œuvre infernale est en route : elle va aboutir, mais pour la plus grande honte des contractants.

Le 10 novembre 1595, le duc d'Épernon signe avec Philippe II l'odieux traité où il s'engage à lutter jusqu'au bout contre le roi de France, et cela, dit-il, « dans l'intérêt de la religion catholique ». Le rebelle donne à sa trahison l'hypocrite prétexte de la foi mise en péril, comme si un tel homme pouvait compter parmi les croyants sincères !

Le roi lui ménage une surprise : sa réconciliation avec le pape.

Le Béarnais, donc, se raccommode avec Clément VIII. D'Ossat et du Perron — qui croit parfois en Dieu — ont habilement arrangé cette délicate affaire. Du coup, tombe le spécieux prétexte invoqué par le ramassis de traîtres qui hurlent après le pourpoint de leur roi ! Les peuples, eux, ne s'y tromperont point, surtout cette race provençale, si fine, si clairvoyante, qui vit en plein agora et garde, en ses veines, le sang ionien... Acquaviva, vice-légat d'Avignon, répand en Provence la bonne nouvelle : *le roi est catholique !* Aussitôt Aix, Arles, Riez, Cuers, Moustiers, le pays des faïences, Aups, Fréjus, Castellane, Ollioules, le Bausset, Gémenos, au délicieux vallon, Ceyreste, la *Cæsarista* des Romains, ouvrent leurs portes à Charles de Guise, en criant à pleins poumons : *Vive le roi !* Il ne reste plus aux ligueurs et autres factieux de même farine que trois villes : Marseille, Grasse, Brignoles.

La prise de Brignoles fut le dernier succès militaire du duc d'Épernon, en Provence : il s'y établit solidement, tel un sanglier dans sa bauge, pour y préparer son prochain coup de boutoir. La bauge est, d'ailleurs, agréable. D'Épernon loge en la plus belle maison du pays, chez un nommé Roger, et peut manger des *tourdres* (des grives) et d'exquis *tridets,* les prunes de Brignoles, à tous ses repas.

L'armée de Guise est en mouvement. La ville de Grasse, patrie des belles fleurs, obéit au ligueur La Place. Un matin, Granier, capitaine d'arquebusiers, se détache de l'avant-garde royale, entre chez La Place pendant qu'il déjeune, et l'expédie en l'autre monde d'un coup de poignard. La ville est au Béarnais. On verra la façon dont se soumit Marseille. Quant à Brignoles, d'Épernon dut l'évacuer, traînant l'aile et tirant le pied. Voici comment.

Son armée s'était fondue, comme au soleil se fond la neige. Des dix mille hommes venus de l'Angoumois, il lui en reste à peine quinze cents. Les meilleurs officiers, les soldats de métier étaient partis se refaire une virginité dans les troupes du duc de Guise... Entêté, rugissant de colère et de dépit, le cœur gros d'ambitions renfoncées, d'Épernon voulut lutter jusqu'au bout, au grand désespoir des habitants, ruinés par ses quotidiennes réquisitions de vivres et d'argent.

A peu de distance de Brignoles se trouve le bourg du Val. Un paysan, nommé Bergne, se mit en tête de délivrer le pays des ennemis du roi. Les habitants du Val devaient à Roger, hôte du duc, deux charges de blé. Bergne, au lieu de blé, remplit les deux sacs de poudre, y adapta habilement des artifices qui la mettraient en feu, au moment où l'on délierait les sacs. Il alla déposer le tout, sans accident, dans le vestibule de la maison Roger, pendant que d'Épernon et ses principaux officiers soupaient au premier étage, au-dessus du vestibule... Le courageux, l'audacieux campagnard n'avait pas atteint le bout de la rue que la maison s'écroulait avec un formidable fracas.

D'Épernon tomba, à cheval sur une poutre, et en fut quitte pour quelques contusions. Mais il évacua tout de suite Brignoles, se fit battre à Vidauban, et, disant adieu à l'ingrate Provence, brûlant ses plus compromettants papiers, il regagna l'Angoumois. En février 1596, il fit sa soumission. Mayenne l'avait précédé dans la voie du repentir moyennant des gouvernements et des millions. Henri IV n'était pas rancunier.

Restait Marseille. L'âme de la Ligue, en Provence, était la comtesse de Sault. Les Marseillais tenaient fort au catholicisme; ils avaient envoyé des soldats au roi, lors de la bataille de Jarnac. Lorsque les réformés firent irruption dans l'île de Camargue, pour donner la main à la république protestante de Montpellier, les Marseillais conduisirent à Arles six galiotes de combat, plus trois cents arquebusiers, qui permirent au comte de Carcès d'expulser les huguenots. Un protégé de la comtesse de Sault, Charles de Casaulx, fils d'un marchand, réussit à se faire nommer consul. Lui et le viguier Louis d'Aix, déterminés ligueurs, gouvernaient Marseille, soutenus par des fanatiques. La bourgeoisie locale, tyrannisée par eux, leur donna de telles inquiétudes que Casaulx et Louis d'Aix appelèrent les Espagnols à leur secours. Philippe II envoya des soldats et une flotte qui alla mouiller devant le port, aux îles de Ratonneau et de Pomègues.

La tyrannie redoubla; la population, fatiguée de la guerre, frémit de colère. On souhaitait enfin Henri IV.

En parcourant le délicieux chemin de la Corniche, contre lequel vient battre une mer qu'un mystérieux artiste semble repeindre tous les jours, tant elle est bleue, on aperçoit un rocher nommé *l'îlot des pendus*. Ce nom tragique lui fut donné en mémoire de douze prisonniers marseillais suppliciés en cet endroit, sur l'ordre d'Alphonse d'Aragon, en novembre 1423. C'est là qu'on se proposait de pendre *lou bèu moussu d'Espernon*, au cas où il serait tombé entre les mains du populaire. En attendant, beaucoup d'honnêtes gens rêvaient le même sort pour le consul et le viguier, et sur le même rocher.

Deux tentatives dirigées contre Casaulx échouèrent. Parmi les habitants dévoués à Henri IV, le frère Lazare Gras, prieur des pénitents bleus, — confrérie composée en grande partie de l'antique corporation des *portefaix*, — fut des premiers et des plus actifs à organiser la résistance[1]. Enfin, un Corse, Pierre Libertat, parvint à former une conjuration où entrèrent son frère Barthélemy, leurs parents et amis. On éloigna de la ville Louis d'Aix, et le 17 février 1596 on réussit à amener Casaulx jusqu'à la porte Reale. Libertat le frappa de son épée. Un coup de pique l'acheva. Soixante Espagnols furent tués dans les rues.

Le duc de Guise accourut, occupa Marseille, dont il confirma les franchises et privilèges. Libertat, à titre de récompense, reçut le bâton de viguier, des

---

1. Je m'honore de compter le prieur Lazare Gras parmi mes ancêtres. (T. M.)

lettres de noblesse, le commandement de deux galères, du fort Notre-Dame de la Garde, une terre, une abbaye et cinquante mille écus. De Compiègne, Henri IV put s'écrier : « C'est maintenant que je suis roi ! »

II

Le 27 février 1596, Henri IV reçoit la soumission et un nouveau serment de fidélité de *son cousin* le duc et pair d'Épernon. Le duc conserve Metz, l'Angoumois, Boulogne et le château de Loches. L'audace de cet homme est si grande qu'au lieu de demander sa grâce comme traître, il pose des conditions au roi.

Henri IV a hâte de voir cesser partout la guerre civile : il accepte. D'Épernon sera gouverneur du Périgord et lieutenant général du Limousin. Avec de tels atouts en main, le duc aura toujours la partie belle, sauf à se faire battre, car la générosité du Béarnais, si elle désarme les soumis et les repentants, ne l'empêche point de les faire suivre de près.

Le duc d'Épernon est le plus surveillé, mais sa vanité lui interdit de juger quelle étendue, quelle activité peut avoir le filet dont il est moralement enveloppé. Le roi est si bon ! Ce sont les cinq mots classiques par lesquels on se pardonne d'avance les rébellions et les trahisons.

Il est temps de rappeler ici le jugement porté par Sully sur cet aventurier extraordinaire. Quoique les couleurs en soient peut-être un peu chargées, le portrait mérite d'être reproduit. Il dresse en pied le modèle devant la postérité, et nous révèle la netteté tranchante avec laquelle le peintre *croquait* ses contemporains.

« A l'égard du duc d'Espernon, — dit Sully, — l'ambition ne composoit pas seule le fond de son cœur. Il y entroit un orgueil indomptable, une fierté, ou pour mieux dire, une férocité naturelle, qu'on sentoit dès le premier instant. L'ambition se sert, dit-on, de toutes sortes de voyes pour arriver à son but. Sur ce pied, d'Espernon n'auroit point été un ambitieux; il ne connoissoit qu'une marche, la hauteur avec laquelle il prétendoit tout emporter; en un mot, l'ambition n'étoit en lui qu'amour naturel de l'indépendance, inspiré par la dureté de cœur, la misanthropie et une présomption qui le faisoit paroître à lui-même au dessus des égards et des récompenses. Il haïssoit le roi, parce qu'il haïssoit tout le monde; et sans doute qu'il y avoit bien des momens où il ne s'accommodoit pas trop avec lui-même. Une désobéissance continuelle à ses supérieurs, un commerce dur avec ses égaux, un esprit cruel et insupportable avec ses inférieurs. »

Sully, qui connaît la façon de combattre des Parthes, s'empresse d'ajouter : — « Ses panégyristes[1], qui ont tout fait retentir de ses moindres

---

1. Le duc d'Épernon avait une foule de panégyristes à ses gages, secrets ou avoués. Ses secrétaires étaient au premier rang. On ne peut s'empêcher de constater l'habileté avec laquelle il étouffait la vérité à son profit.

HENRI IV

(D'après un portrait attribué à F. Porbus)

actions, devoient être un peu plus modérés sur tant de temoignages si marqués de désobéissance et de révolte, ou commencer par bien établir qu'un sujet peut, sans être reprochable, *manquer à son roi et à sa patrie,* brouiller et renverser tout au gré de son ambition *et mettre la violence à la place du droit.* S'il y a quelque louange à donner ici, c'est sans doute au roi, qui, après tout cela, reçoit encore d'Espernon à bras ouverts, et ne l'exclut pas des graces, dans un état où elles etoient en toutes manières pures graces pour lui... »

Sully a mille fois raison. Henri IV eut vraiment trop d'égards pour un traître qui osa braver son roi en face.

Un jour, Henri IV reprochait au duc d'Épernon de ne point l'aimer. — « Le duc d'Espernon, écrit son secrétaire Girard, lui repartit avec froideur, mais avec gravité : « Sire, Votre Majesté n'a point de plus fidèle « serviteur que moi dans le royaume, j'aimerois mieux « mourir que de manquer à la moindre partie de mon « devoir. Mais, Sire, pour ce qui est de l'amitié, Votre « Majesté sçait bien qu'elle ne s'acquiert que par « l'amitié. »

A peine soumis, décrassé, lavé par le pardon du roi, d'Épernon va grappiller en Périgord soixante mille écus, que Rosny comptait faire entrer dans l'épargne royale. Cette escroquerie brouille le duc et le surintendant des finances ; et dix ans s'écouleront avant qu'il y ait entre eux un rapprochement.

En 1597, le duc a repris possession de son hôtel de

Paris. Il se pose, maintenant, en courtisan assidu et dévoué. Sa figure est l'une des plus remarquées au Louvre et à Saint-Germain.

Au reste, les mignons qui survivent à Henri III ont envahi l'armée, la diplomatie, ou gouvernent des provinces. Ceux qui sont doués de talents peuvent les montrer : le roi actuel est un bon diable et sait tirer parti de tous ses sujets. Saint-Luc, qui va se faire tuer devant Amiens, est baron de Crèvecœur, pair de Cambrésis, chevalier des ordres, gouverneur de Brouage, lieutenant général de Bretagne, grand-maître de l'artillerie. Saint-Luc, après avoir tant dansé au Louvre, en compagnie de Joyeuse et de d'Épernon, fait preuve d'un réel talent militaire. Contradiction de la nature, démenti donné à toutes les prévisions ! Saint-Luc, vicieux repenti, fêtard qui a dételé, devient un remarquable homme de guerre. Henri IV déclarera avoir perdu en lui « un très vaillant et très fidèle serviteur ».

Le roi sait admirablement se battre, mais il sait aussi caresser et négocier. Sa vaste connaissance des hommes, sa fine compréhension des événements lui prouvent que l'argent et les honneurs l'aideront surtout à panser les plaies de la France, et même à les cicatriser. Guise, qui vient de triompher en Provence et d'en expulser d'Épernon par le combat de Vidauban, touche quatre millions. Son oncle, Mayenne, le pansu le joufflu, l'amateur de melons, reçoit trois millions six cent mille livres, trois places de sûreté, et le roi paie ses dettes, lesquelles manquaient de modestie.

Joyeuse, veuf de Catherine de la Valette, a lutté jusqu'au dernier moment contre Henri IV. Inconsolable de la mort de sa femme, nous l'avons vu prendre le froc, devenir le frère Ange, se mêler aux moineries et pitreries de la Ligue, brandir l'épée à la journée des Barricades, pérorer à Chartres devant Henri III. Sa vocation guerrière l'a repris ; il s'est montré, en Languedoc, le meilleur peut-être des généraux ligueurs. Henri IV le conquiert par le bâton de maréchal, la grande-maîtrise de la garde-robe et près d'un million et demi de livres... Le roi paie et passe l'éponge sur le passé.

Tous ces personnages pompeux et titrés, ces prétendus défenseurs du catholicisme, — la maison de Lorraine en tête, comme plus tard la maison de Condé, — sont intéressés jusqu'au cynisme. — « Ventre Saint-Gris ! s'écriera le Béarnais en épluchant ses comptes, ils m'ont vendu mon royaume ! »

Henri, duc de Joyeuse, est l'un des personnages les plus curieux et étonnants de notre xvie siècle. On peut dire de lui, comme de d'Épernon, ce que Saint-Simon écrit du fameux Lauzun : *Il n'est pas permis de rêver comme il a vécu.*

Tout d'abord, on remarque l'espèce de prédestination qui plane sur cette famille. Sortie de son castel du Languedoc, elle connaît la gloire des ducs et pairs, des généraux d'armée, des cardinaux. Mais, sur les sept fils du vicomte de Joyeuse, quatre meurent d'une façon tragique. François, cardinal, mourra en 1615, après avoir occupé une ambassade et les archevêchés de Narbonne, Toulouse, Rouen, — vie ondoyante et variée, beaucoup moins pittoresque pourtant que celle de son cadet Henri.

Très jeune, celui-ci prend le nom de comte du Bouchage et fait figure de brave officier dans les armées d'Henri III. Il marie l'une de ses sœurs à Bernard Ier de la Valette. A dix-neuf ans, en 1581, il épouse Catherine de Nogaret, devient un mari modèle, — ce qui est miracle en ce temps-là. Six ans après, il perd sa femme. Le chagrin qu'il ressent de cette perte le pousse à se faire capucin, à Paris, où il devient l'un des soutiens de la Ligue. Jusqu'en 1592, sa robe monacale porte autant de poignards que de chapelets. A la mort d'un frère aîné, il rentre dans le monde avec le titre de duc, et reparaît à la tête d'une armée.

Quatre années durant, il guerroie pour la Ligue. Henri IV reçoit sa soumission et le fait maréchal. Il n'avait que trente-trois ans ; il pouvait aspirer à tout...

Mais ce n'est pas impunément qu'on est fils de la Renaissance. cette époque où la plante humaine poussa si forte, dans un terreau souvent ensanglanté ! Subitement, en 1599, piqué d'on ne sait quelle tarentule. — peut-être le cardinalat et même la papauté, — le maréchal duc de Joyeuse reprend la robe de capucin. Il édifie tout le monde avec son austère conduite, part pour Rome en pèlerinage, et s'arrête à Rivoli, où la mort met fin à son roman. On était en 1608.

III

Tout en s'occupant de ses trois enfants, le duc d'Épernon retourne auprès de Diane d'Estrées, — sa maîtresse en titre, — qu'il n'a pas cessé d'entretenir pendant les troubles et la guerre. Le conseiller financier du duc paraît être dès ce moment le président Séguier. D'Épernon, né dépensier, était généreux avec les femmes. Ici encore, les hommes du xvi° siècle l'emportent moralement sur ceux des deux siècles qui suivront. Le règne de Louis XIV abonde en gentils-hommes entretenus, plutôt qu'entreteneurs. Quant au règne de Louis XV, parcourir les mémoires du temps, les comédies, les romans de mœurs, c'est constater jusqu'à quel point la jeune noblesse sacrifie à ce viće. Mais les fermiers généraux, intrépidement cocus, sont pleins d'attentions monétaires, pour la plus belle moitié du genre humain.

Depuis 1590, Henri IV a pour maîtresse une sœur de la piquante Diane : Gabrielle, la blonde aux cheveux d'or et aux yeux de pervenche. D'Épernon et le roi sont donc beaux-frères de la main gauche. Il faut dire que Gabrielle est la plus sympathique des filles sorties du fameux *clapier*. Entre deux batailles, Henri, oublieux des serments faits à Corisande et à tant d'autres, allait parfois surprendre Gabrielle au château de Cœuvres, sous un déguisement. Une fois même, il prit le costume d'un berger, d'où cette romance chantée par nos aïeules :

> Sous ta fenêtre, objet chéri,
> Reconnais ton amant fidèle.
> Ce n'est pas un roi, c'est Henri,
> C'est ton serviteur qui t'appelle...

Vint le moment où le roi, de plus en plus épris, parla d'épouser Gabrielle, devenue marquise de Monceaux, puis duchesse de Beaufort. Au premier mot, Rosny et les autres ministres qui, tous, détestaient la maîtresse en titre, haussèrent les épaules.

Le roi ne se tint pas pour battu. Pendant le siège d'Amiens, il consulta Sancy sur ce délicat sujet. Sancy avait son franc-parler. « P... pour p..., répondit Sancy, j'aimerais mieux la fille d'Henri II que celle de Mme d'Estrées, morte au b... »

Lorsque la duchesse de Beaufort mourut, le 10 avril 1599, non du poison, comme certains l'ont écrit, mais après quinze heures d'une très pénible fausse couche, le roi était à peu près décidé à l'épouser. Il la remplaça presque aussitôt par cette atroce créature, Henriette de Balzac d'Entragues, qu'il fit marquise de Verneuil.

L'amour n'empêcha ni le roi, ni la cour, ni surtout le duc d'Épernon, de songer aux choses de la politique. En ces temps prodigieux, tout homme en vue vivait plusieurs existences à la fois.

Il est douteux que d'Épernon ait cherché à se remarier, quoique ayant à peu près rompu avec Diane à partir de la mort de Gabrielle. Une nommée Mme de Maintenon, évaporée, détraquée, qu'il employait à ses basses intrigues politiques, caressait le rêve de l'épouser; mais le duc l'envoya se marier ailleurs, et cela par des mots dépourvus d'élégance.

La mort de la duchesse d'Épernon l'avait fait héritier de la terre de Cadillac, sur la rive droite de la Garonne, aux environs de Bordeaux. Chassé du gouvernement de Provence, il compte arracher, un jour ou l'autre, à la bonté d'Henri IV le gouvernement de la Guyenne, qui, joint à ceux de Metz, du Périgord et du Limousin, lui permettrait d'aspirer encore à la vice-royauté. Donc, en 1598, il se met à bâtir le château de Cadillac et y dépense plusieurs millions. Les bâtiments, flanqués de terrasses et de tours, ont l'aspect d'une forteresse. D'Épernon veut avoir une somptueuse résidence et s'y défendre au besoin contre le roi, si on le pousse à cette extrémité. L'étonnant seigneur estime que, tout lui étant dû, il peut, si bon lui semble, faire table rase de sa soumission et de nouveau courir les aventures.

On croit que la construction de Cadillac et de sa chapelle fut surtout dirigée par le sieur Garrotte, architecte provençal. Le duc l'avait connu et employé à Marseille. Les travaux durèrent au moins deux ans. Plus tard, l'architecte se brouilla avec d'Épernon. A la date du 26 octobre 1600, Henri IV écrit de Chambéry au comte de Rochepot, son ambassadeur à

Madrid, que parmi les mauvais Français réfugiés en
Espagne se trouve un nommé Garrotte, de Marseille,
« architecte conducteur des bastimens et maçonneryes
du duc d'Espernon ». Cet individu s'est enfui parce
qu'il devait restituer au duc une somme de trois ou
quatre mille écus. Garrotte est un homme actif, intelligent ; le roi de France voudrait l'avoir à son service. L'ambassadeur est donc autorisé à lui dire que
le roi obtiendra remise de la dette. A défaut de cette
remise, le roi s'engage à désintéresser M. d'Épernon
au moyen de ses propres deniers.

On ignore si Garrotte (ou Garoutte) rentra en faveur.
Mais il est visible que le Béarnais comptait s'attacher
cet homme pour être renseigné sur les intrigues de la
cour d'Espagne et, surtout, sur les trames qu'avait
nouées d'Épernon pendant son séjour en Provence.

De temps à autre, d'Épernon voit son vieil ami
Roquelaure. Le roi vient de le nommer lieutenant général de Guyenne, en attendant le maréchalat. Au
reste, d'Épernon n'a nullement rompu avec le duc de
Biron, titulaire de son ancienne amirauté, et le comte
Charles de Valois, frère utérin de la nouvelle favorite.
Le système de Jean-Louis, c'est d'avoir des compères
partout ; de préférence, il les prend parmi les mécontents, les ambitieux déçus, les ennemis du monarque.
Personne mieux que d'Épernon n'a mis en pratique
cette immorale maxime : *qu'en France on a toujours
tout ce qu'on veut, quand on est de l'opposition.*

Henri IV ne perd pas son homme de vue. Il feint de
voir en lui un sincère champion du catholicisme.

Lorsque Rosny et Villeroy le mettent en garde contre le caractère sournois du duc, son insupportable hauteur, son mépris des hommes, quels qu'ils soient, fussent-ils des saints, — le roi se contente de sourire ; et ce sourire signifie qu'il sait à quoi s'en tenir sur l'ancien complice de Philippe II.

Le 5 mai 1600, pour mieux endormir d'Épernon, lui faire accroire qu'il le sait vrai chevalier de la foi catholique, apostolique et romaine, Henri IV lui écrit que le catholicisme a gagné le diocèse de Saumur (jusqu'alors acquis aux protestants), à la suite d'une conférence contradictoire, où Duplessis-Mornay, le pape des huguenots, s'est fait ridiculement battre du prélat homme d'esprit qui a nom du Perron. Ce futur *purpurato* devient un gros personnage, nonobstant ses mœurs et son scepticisme ; d'Épernon réussit à s'en faire un ami. Du Perron, qui se trouve partout chez lui, va volontiers jouer, découper une poularde, s'abreuver de vin d'Anjou à l'hôtel d'Épernon.

Assez souvent, le duc recevait dans ses salons des dames de la cour, ou d'ailleurs, et cela, en présence de du Perron. L'une d'elles, dit-on, s'enhardit jusqu'à demander au « grand théologien » si le péché d'amour était mortel. — « Non, madame, répondit l'homme violet, car depuis longtemps vous seriez morte. » Parfois, Bertaut, l'ancien lecteur d'Henri III, maintenant évêque de Séez, se risquait dans le somptueux logis.

Il n'en fallut pas davantage pour convaincre les naïfs que d'Épernon ne songeait qu'aux intérêts de l'Église. En réalité, l'amitié de l'évêque d'Évreux et du duc était cimentée par leurs communs rêves politiques. Du Perron se souciait moins, à ce moment, de paraphraser en vers les psaumes *Super flumina Babylonis* et *Benedic, anima, Domino,* que de discuter avec son hôte les moyens de débarquer en douceur Rosny et Villeroy et de prendre leur place.

En septembre, la France fait la guerre au duc de Savoie. Biron s'est plus que compromis avec cet étranger : il a noué partie dans l'espoir chimérique d'une vice-royauté en Bourgogne. Mais la rapidité des mouvements d'Henri IV a tué dans l'œuf ce germe de trahison. L'indigne fils d'Antoine de Gontaut, du premier maréchal de Biron, est obligé de combattre, de marcher, d'obéir au maître. Ses compères, — Conti, Soissons, d'Auvergne et d'Épernon, — comprenant que le duc de Savoie va être battu, se hâtent d'aller rejoindre le roi à Grenoble. Henri IV sait à quoi s'en tenir sur cet empressement, pour ne pas dire cet *alibi,* et retrouve le sourire diplomatique des jours heureux.

Le 16, il écrit à sa fiancée, — la princesse de Toscane : — « Le prince de Conty, le comte de Soissons, « le comte d'Auvergne, M. d'Espernon sont arrivés; « bref, toute la France court à moi ; *il ne nous manque* « *que des ennemis...* » La partie étant perdue, d'Épernon va passer quelques jours à Paris ; puis, satisfait d'avoir achevé Cadillac, en lequel il pressent un suprême asile, il va s'installer à Metz après avoir assisté au mariage d'Henri IV et de Marie de Médicis. Celle-ci ajoute aux Italiens venus avec Catherine une nuée de Florentins. La plupart ont les dents longues, entre autres Concini et sa future épouse, Leonora Galigaï, sœur de lait de la reine et sa confidente.

A Metz, d'Épernon se tient tranquille, non sans apprécier les avantages de son rôle et jeter de nombreux coups d'œil vers les Pays-Bas. Peut-être d'Épernon songe-t-il à échafauder quelque trame avec Philippe III, le nouveau monarque espagnol. On ne prête qu'aux riches, et le cerveau de l'incurable ambitieux était toujours en mouvement... Subitement, la conspiration du maréchal de Biron, ajournée par nos victoires sur la Savoie, éclate comme un coup de tonnerre.

Henri IV, autant en souvenir de son père que par faiblesse et bonté, l'avait déjà pardonné à deux reprises, après avoir reçu ses aveux ; la dernière fois, à Lyon, lors de la signature de la paix. Mais en mars et avril 1602, l'orgueilleux Biron écouta les propositions que lui firent le duc de Savoie, pour son intérêt personnel, et le comte de Fuentès, gouverneur du Milanais, au nom de Philippe III. Tout de suite, le comte d'Auvergne et le duc de Bouillon, l'homme des huguenots, leur dernier bras, entrèrent dans la conspiration. On fit parler au duc d'Épernon, qui, par prudence, réserva son concours jusqu'à ce que le succès se dessinât.

Les conjurés n'y allaient pas en douceur. On devait s'emparer du roi, le faire assassiner par quelque obscur comparse. Le duc de Savoie prendrait Lyon, le Dauphiné et la Provence. Biron ajouterait à la Bourgogne la Franche-Comté et *vice-régnerait* sous la protection de l'Espagne. Tel était le lot des deux grands chefs. Bouillon aurait des places de sûreté, de l'argent. D'Auvergne caressait la perspective d'une vague souveraineté qui réunirait à son comté le Bourbonnais et une partie du Languedoc.

C'était là non seulement un crime envers la personne royale, mais aussi le retour à cette abominable anarchie dont le vainqueur d'Ivry eut tant de mal à tirer la France. On projetait de rouvrir, à peine fermée, la douloureuse blessure... Jusqu'à la fin de la Fronde, la haute noblesse ne saura jouer que ce misérable jeu : conspirer, conspirer sans cesse, pour satisfaire ses appétits égoïstes, se gaver d'honneurs, emplir ses poches, *embêter le roi*, au grand détriment de la patrie !

Certes, l'aventure tenta d'Épernon ; toutefois le solitaire se contenta d'aiguiser ses défenses dans sa nouvelle bauge, c'est-à-dire dans la Haute-Pierre, son palais, sa résidence à Metz.

Mais on avait affaire à un monarque dont le génie s'étendait à tout ! Les conjurés se méprirent radicalement sur le caractère d'Henri IV. En épluchant les documents, les épîtres où se trahissent leurs faits et gestes, on dirait des collégiens luttant contre leur proviseur.

Biron avait pour secrétaire et confident un nommé M. de la Fin, plusieurs fois froissé et malmené par le maréchal, dont l'exécrable caractère est demeuré légendaire. Serré de fort près, suspect aux agents du roi, La Fin avoua à demi, puis obtint sa grâce, à condition de manger complètement « le morceau » et de remettre au roi les papiers compromettants.

Afin de mieux saisir le fil de la conspiration, Henri IV amusa Biron avec deux lettres qui sont des chefs-d'œuvre de diplomatie et de ruse. Il commença par lui enlever ses canons et ses poudres, sous prétexte de lui en donner de meilleurs, puis lui envoya d'Escures et le président Jeannin, avec mission de le contenir dans le devoir. Ces deux hommes de confiance, navrés de l'insolente attitude du maréchal, retournèrent auprès du roi sans avoir rien obtenu. Henri IV était bien décidé à pardonner en cas d'aveu. Après avoir consulté Achille de Harlay, premier président du parlement, qu'il honorait de son amitié, le roi ordonna à Biron de venir s'expliquer à Fontainebleau. Le traître obéit, dans le secret espoir d'en imposer à son maître.

A ce moment, le baron de Lux, autre conjuré, dévoilait le complot en échange de son pardon, toujours à l'insu de Biron.

Le 13 juin 1602, Henri IV envoie quatre lignes à Rosny : « Mon ami, notre homme est venu, qui fait « fort le retenu et le prudent ; venez en diligence, afin « que nous avisions à ce que nous avons à faire. A « Dieu, je vous aime bien. » Le même jour, le roi s'enferme dans son cabinet avec Biron, et le supplie de lui confesser toute la vérité, ajoutant que le pardon suivra les aveux. Biron, impassible comme une

cariatide, répond qu'il n'a *rien à dire*. En présence
d'une attitude qui enlève au prince toutes ses illusions
sur un homme longtemps aimé, Henri IV prononce
les mots historiques : *A Dieu, baron de Biron.*

Il est temps de faire un exemple, d'en finir avec les
misérables qui mettent en péril la France! La cour de
parlement prononce un arrêt de mort. Le 31 juillet,
l'amiral et maréchal-duc est décapité « dedans l'en-
clos du château de la Bastille », non sans avoir co-
pieusement injurié le greffier criminel, l'honnête
Daniel Voisin, qui lut sa sentence. Par un dernier sur-
saut de son cœur tant éprouvé, Henri IV évite au
traître d'expier son forfait sur la place de Grève.

La Fin et Lux pardonnés, trois seigneurs de moindre
importance subirent le sort de Biron. Le duc de Bouillon se sauva en Allemagne, où se réfugiaient alors
tous nos ennemis, ce qui faisait de ce pays une espèce
de dépotoir politique. Henriette de Balzac, marquise
de Verneuil, obtint la grâce du Valois d'Auvergne.
Nous la retrouverons conspirant à son tour en compagnie de l'incorrigible bâtard de Charles IX.

Il y avait bien, dans la corbeille livrée par La Fin,
quelque papier compromettant pour le duc d'Épernon,
mais le roi n'en tint aucun compte. Au reste, il avait
envoyé à Metz, pour y commander la citadelle en qualité de lieutenant-gouverneur, un homme sûr, Antoine
de la Grange de Montigny, lieutenant-colonel au régiment des gardes françaises, qu'il jugeait capable de
s'opposer à toute entreprise factieuse de d'Épernon.
Celui-ci dut avaler la pilule, sous peine de désobéir au

souverain, à l'heure même où, les grâces n'étant plus de saison, la hache parlait.

L'exécution de Gontaut-Biron permet d'apprécier une fois de plus l'âme d'Henri IV. L'usage, la tradition donnaient aux rois tous les biens d'un traître; Henri renonça à s'approprier ce qui appartenait au maréchal; il en fit don à son beau-frère, M. de Saint-Blanquart. Pendant le procès du maréchal, il avait dit au grand helléniste Isaac Casaubon, appelé par lui de Genève en France : « Vous voyez combien j'ai de peine, moi, afin que vous puissiez étudier en paix... » Admirable pensée! précieuse indication sur la psychologie de cet inimitable roi! Et combien ces quelques mots absolvent de défauts!

Henri avait trois enfants de Gabrielle. La marquise de Verneuil lui en donna deux. Pendant que d'Épernon séjournait à Metz, — maudissant l'orgueil de Biron qui avait tout gâté, et sans doute assez inquiet sur le contenu de la corbeille livrée par La Fin, — naissait à Paris, le 21 janvier 1603, Gabrielle de Bourbon, dite Mlle de Verneuil. D'Épernon ne se doutait certes pas qu'il serait un jour beau-père de la nouveau-née et son fils Bernard beau-frère de Louis XIII, — toujours de cette éternelle main gauche qui joue un si grand rôle dans les cours et les monarchies.

Rassuré sur son sort, d'Épernon fit du zèle. Il possédait à merveille, pour enguirlander ses autres vices, le don de l'hypocrisie. Sous prétexte de compléter la sécurité de Metz et du pays Messin en cas de tentative des armées d'Espagne, il projeta d'exécuter certains travaux autour de la citadelle. Son idée de derrière la tête, c'était certainement d'annihiler le lieutenant Montigny, de l'emprisonner en quelque sorte dans sa forteresse.

Aussitôt informé des projets de d'Épernon, Henri IV — qui connaît le pèlerin et le tient pour capable de tout, de la trahison à l'assassinat inclusivement — lui envoie de Paris, le 26 janvier 1603, tout en l'appelant *son ami*, l'ordre formel d'arrêter les travaux et de remettre « toutes les choses comme elles étoient auparavant ». D'Épernon est d'autant plus dans son tort que le maréchal de Lavardin surveille les troupes espagnoles qui vont du Milanais en Flandre par la Savoie, la Bresse, la Franche-Comté, la Lorraine. En conséquence, les frontières, bien gardées, n'ont point besoin de nouveaux retranchements et tranchées en avant de Metz.

Pour si obstiné et si ambitieux qu'il soit, le duc comprend qu'il a affaire à plus malin que lui. Le Béarnais l'emporte sur le Gascon. Tous deux sont à peu près du même âge, arrivent de loin; or, le cadet royal veut être obéi du cadet simplement ducal. D'Épernon ordonne donc à ses terrassiers de remporter au plus tôt leurs pelles et leurs pioches, après avoir aplani le terrain, ce qui lui vaut, le 6 février, un *satisfecit* de son maître en tout. — « Le froid ne me permet plus long discours, » ajoute malicieusement le roi... Mais le gouverneur de Metz avait-il assez de culture pour comprendre que le Béarnais se doublait toujours d'un Gaulois?

Le duc éprouva le besoin de faire une apparition dans la capitale. On le vit à la cour, bien accueilli du roi, de la reine, des dames, un peu regardé de travers par les Florentins aux dents aiguës, mais craint, entouré, flatté, redouté.

De cette époque date sa liaison avec François de Bassompierre. Le futur colonel général des Suisses *pointait* à la cour, comme dit Saint-Simon. Beau cavalier, élégant, très bien vu des dames, joueur, coureur de tavernes, du *Petit Maure* à *l'Homme armé*, — toutes choses qu'approuve le beau sexe, — Bassompierre dansait à merveille aux ballets dont on régalait la reine et vidait, au besoin, le contenu de sa botte.

Au Louvre, on affichait un certain luxe, auquel Rosny rognait les ailes en arrêtant ses comptes. La reine et la favorite vivaient au palais, porte à porte, enfants légitimes d'un côté, enfants de l'amour de l'autre, — ce qui causait parfois d'orageuses complications, de violentes scènes de ménage. Au jeu, Henri IV, toujours bon prince, se laissait tricher, perdait en souriant, faisait payer par le surintendant, qui, lui, ne souriait pas... Tant de débonnaireté n'était point sans donner l'espoir d'une revanche aux survivants de la Ligue. Car l'hydre des révoltes existait toujours, quoiqu'on lui coupât de temps à autre une tête.

IV

Cependant, derrière ce décor d'intrigue, d'amour, de soucis, de plaisir et de guerre, la réorganisation du royaume marchait à merveille. Henri IV, aidé de Rosny, de Villeroy, de Jeannin, faisait des miracles.

Le 13 avril 1598, l'édit de Nantes avait enfin tranché l'irritante question religieuse. Catholiques ou protestants, tous les bons Français, tous les patriotes, prenaient part au labeur national. Ce n'était pas le plaisir de l'insatiable marquise de Verneuil. Forte de sa double maternité, elle intriguera pendant et après sa faveur avec les ambassadeurs que nous enverra l'Espagne, jusques et y compris don Balthazar de Zuniga, le plus dangereux de tous.

Avant qu'il eût épousé sa *grosse banquière*, Henriette de Balzac avait arraché à Henri une promesse de mariage (autant en emporte le vent !) *pour le cas où elle serait grosse d'un garçon.* En juillet 1600, elle accoucha d'un enfant mort. Le roi se tient pour dégagé. On a cassé son mariage avec Marguerite de Valois en décembre 1599 ; il est libre ; il épouse la princesse de Toscane. Mais toujours esclave de la beauté d'Henriette, qui, littéralement, le fascine, le Béarnais commet la faute d'autoriser la favorite à

HENRIETTE DE BALZAC D'ENTRAGUES, MARQUISE DE VERNEUIL.

(Portrait du temps.)

rester au Louvre. Marie de Médicis est froissée jusqu'à la fureur d'avoir pour voisine une *poutanc*, comme elle dit.

Cette colère importe peu à la jolie diablesse qui règne sur les sens d'Henri, et peut-être sur son cœur. La fille de Balzac d'Entragues pousse l'insolence jusqu'à se moquer de la reine en public, jusqu'à insulter le roi. Enfin, après de longues et pénibles négociations (auxquelles, croit-on, le duc d'Épernon, fixé à la cour, prit part avec quelques autres), la marquise de Verneuil consentit à rendre la fatale promesse de mariage, moyennant vingt mille écus, et s'engagea à partir pour l'Angleterre avec ses enfants... Vraie sangsue collée aux flancs de son royal amant, elle se garda bien de quitter la France. Elle logea chez son père, à Malesherbes ou à Marcoussis, mais fréquemment, comme pour braver roi et reine, elle aventurait dans Paris ses insolents et coûteux yeux noirs.

Le roi, homme à tempérament, prend une autre maîtresse : Jacqueline de Bueil, comtesse de Moret, inoffensive personne, en l'honneur de laquelle il redevient poète :

> Viens, Aurore,
> Je t'implore :
> Je suis gai quand je te voi.
> La bergère
> Qui m'est chère
> Est vermeille comme toi...

Marie de Médicis fronce le sourcil. Le roi n'a jamais

rimé pour elle! Il faut bien le dire : elle craint que Jacqueline ne joue, au Louvre, les Henriette. Pour apaiser sa femme, Henri IV lui donne, le 4 janvier 1605, trente mille livres d'étrennes. Il est vrai qu'il accorde, le même jour, neuf mille livres à Mme de Moret. Mais il faut que tout le monde vive! D'ailleurs, Jacqueline ne loge pas au palais.

Elle aussi, comme beaucoup d'autres, rendra père Henri IV; mais la fatalité voudra que son fils, le comte de Moret, prenne les armes contre son frère consanguin Louis XIII. L'histoire d'Abel et de Caïn est vieille comme le monde.

Il est probable que la passade du roi avec la blonde comtesse de Moret rapprocha encore plus Concini de la reine, qui lui accordait « ses faveurs » depuis quelque temps, — vengeance à l'italienne! Ici commence la portion la moins honorable de la vie de Marie de Médicis. Un instant reine, elle redevient une vulgaire fille d'Ève.

La marquise de Verneuil, bien renseignée sur les faits et gestes du Louvre, profita de l'occasion pour comploter contre Henri IV. Les enfants de Marie Touchet avaient décidément du Catilina et du Fiesque dans le sang. Le rapide effondrement de ce complot se retourne contre Malherbe : la garde, *qui veillait aux barrières du Louvre,* savait alors défendre le roi...

Balzac d'Entragues, le comte d'Auvergne, quelques personnages remuants, étaient en relations, épistolaires ou verbales, avec les agents de Philippe III. Comme le dit fort bien Sully, *Henri et Henriette ne pouvaient vivre l'un sans l'autre.* En dépit de ses engagements formels, la Verneuil (traitons-la en courtisane) voulait à tout prix reconquérir sa domination, d'où le hardi complot de 1605.

De ce complot, mené par une femme jamais assouvie d'or, les mémoires du temps et les archives s'épouvantent encore. Mais, en ce qui regardait la personne du roi, il était moins criminel que le complot de Biron.

Son audace, toutefois, méritait le châtiment suprême : déclarer bâtard le dauphin, renvoyer la reine à Florence, ou la jeter dans un cloître, — logement pour lequel elle était peu faite ; — puis, gros morceau de l'entreprise. enlever du Louvre (où on l'élevait) Gaston-Henri de Verneuil, fils du roi et de la marquise, et le livrer aux Espagnols qui le déclareraient héritier présomptif de la couronne. Il va sans dire que, Marie de Médicis chassée, ou rasée et cloîtrée, on éparpillerait au loin les Italiens de sa suite, le tas de condottières sans épée qui vivaient autour de ses vertugadins et, à leur tête, Concini et Leonora... Avouons que « l'éparpillement » aurait eu l'approbation des Parisiens, peu disposés à laisser des étrangers vivre à leurs dépens, surtout en cette époque de misère.

On réussit à mettre la main sur les trois principaux coupables. Le 1er février 1605, un arrêt du Parlement prononça la peine de mort pour François de Balzac d'Entragues et le comte d'Auvergne, et l'emprisonnement perpétuel contre la marquise de Verneuil. D'Auvergne, en parfait scélérat, était sûr d'attendrir le roi, grâce aux talents d'alcôve de sa sœur, et de sauver sa tête. Pendant qu'on instruisait son procès, il écrivait à sa femme — une Montmorency ! — de lui envoyer bonne provision de fromage et de moutarde, et qu'elle ne s'inquiétât point du reste. Le *reste*, c'était son crime.

Le roi, toujours débonnaire, fit remise à sa perpétuelle maîtresse de l'emprisonnement à vie. Elle finit même par obtenir, au lieu du coup de hache, l'exil pour son père, la Bastille pour Charles de Valois. Le répugnant bâtard de Charles IX y resta onze ans. Bien plus : le 16 septembre, une *lettre d'abolition* déchargea la marquise de toute culpabilité. Le 7 février 1603, Henri IV s'était pourtant engagé envers le parlement de Paris à renoncer aux lettres d'abolition, à « conserver l'autorité de la justice » ; et cet engagement l'empêcha de gracier Julien et Marguerite de Ravalet, incestueux enfants d'un grand-maître des eaux et forêts de Normandie[1]. Le cœur et les sens du Béarnais étaient si bien captifs des riches dessous d'Henriette, qu'il manqua pour eux à sa solennelle parole. Ce pardon accordé à la néfaste marquise contribuera largement à l'abominable tragédie de 1610. La clémence trop répétée devient grosse de catastrophes.

Cette fois encore, pour d'Épernon, la poire n'était pas mûre. Il gardait au roi une haine cuite et recuite ;

---

1. Tancrède Martel, *Julien et Marguerite de Ravalet (1582-1603).* (Lemerre, éditeur, 1920.)

mais il se tint tranquille, faisant la navette entre Metz et Paris, fort empressé de sourire à son maître et se livrant à une sérieuse étude du caractère de Marie de Médicis, en vue des bénéfices que pourrait lui valoir l'amitié de la reine, surtout s'il parvenait à chasser Concini de l'alcôve.

Ostensiblement, il prit parti pour la reine contre la Verneuil. Mais, en secret, par des gentilshommes attachés à sa maison ou à ses divers gouvernements (on disait alors : *des domestiques*), il fait parler à la marquise et l'assure de sa sympathie, sans que la chose aille plus loin pour le moment.

La Verneuil se montre à proximité de la cour. Cette femme est une robe de Nessus pour Henri IV. Même après son complot, il pense à elle, il s'inquiète de ce qu'elle fait ; et, s'il va chasser du côté de Malesherbes, — seigneurie de Balzac d'Entragues, — il lui écrit que les beaux jours passés avec elle lui sont toujours doux. Marie de Médicis sait cela par Concini et Leonora ; au reste, rien ne vaut, en pareil cas, l'oreille et l'œil d'une femme jalouse. Rosny voit la marquise de la part du roi. Tout en détournant son maître de penser à cette femme, il n'en sert pas moins de lien aux deux anciens amants. La mauvaise humeur de la reine éclate ouvertement, à Saint-Germain, — au *Château neuf* construit par Henri IV, — au Louvre, à Fontainebleau. Cette année 1606 marque le divorce moral entre les deux royaux conjoints.

D'Épernon, réputé chef des catholiques, et ses rares confidents suivent tout ce chaos d'intrigues. Le duc mène la vie de grand seigneur, tapageuse, effrénée de luxe. Il court la bague, monte les plus beaux chevaux de France, joue, gaspille, répand l'or à poignées ; mais sa pensée ne quitte point les résidences royales.

Au Louvre, les scènes de ménage se multiplient. Le roi, surnommé autrefois *Capitaine Bon Vouloir* par Henriette, aussi méchante que spirituelle, n'a pour sa moitié qu'une tendresse de commande. Marie s'en console avec son Florentin. Henri IV voudrait bien envoyer cet avide aventurier à tous les diables ; dans ses lettres, il l'appelle dédaigneusement *Conchine*, et l'on sent qu'il est fixé sur son prétendu rôle d'*ami*. La reine, en public ou en particulier, jette souvent à la face de son époux des mots exempts de courtoisie et même de simple politesse. Finalement, peu à peu, cette coupable pensée s'insinue dans l'esprit de d'Épernon et des mécontents : que, *si le roi disparaissait,* Marie de Médicis, forte de son dauphin, aurait tout le pouvoir, même contre un conseil de régence.

D'Épernon a des garnisons à ses ordres ; il tient trois ou quatre provinces ; ses enfants grandissent ; le roi et la cour comptent avec lui. Sa position paraît inattaquable. A cinquante-deux ans, il escompte en souriant l'avenir. Il est au mieux avec la reine et la marquise. Il se garde bien de rompre avec Concini, qu'il méprise, et avec Rosny, devenu son collègue à la pairie, depuis février 1606, sous le titre de duc de Sully.

Mais, en mai 1605, s'était pourtant produit un incident qui prouvait à d'Épernon la forte volonté d'Henri IV d'être partout le maître.

Le brave Crillon, mestre de camp du régiment des gardes, ayant besoin de repos ou d'argent, le roi l'engagea fort à vendre sa charge à M. de Créqui. Il fallait l'assentiment du duc d'Épernon, colonel général de l'infanterie française. Le duc s'opposa à la vente. A tort ou à raison, Crillon faisait cas des talents militaires de d'Épernon, et celui-ci le tenait pour un de ses amis. Aussi voulait-il le conserver à la tête du régiment où lui, d'Épernon, fit ses premiers pas dans la carrière.

Le roi posa de nouveau la candidature de Créqui, d'autant plus volontiers qu'ayant surpris entre Sully et d'Épernon de vagues palabres, il crut un instant que le surintendant ambitionnait aussi d'être mestre de camp des gardes, — ce qui lui parut excessif.

Ce n'est point diminuer les glorieux services de Sully que de constater en lui un fort appétit d'honneurs et de profits. Tout bon travailleur mérite salaire, mais, enfin, le surintendant des finances, grand-maître de l'artillerie, grand-voyer de France, et toujours farouche protestant, n'en était pas moins titulaire de trois abbayes! Henri IV, bon connaisseur d'hommes, savait les tenir à leur place, fussent-ils des plus chers à son cœur. Il remit donc Sully au pas...

Le 13 mai 1605, de Fontainebleau, avec cette bonhomie qui est un des traits de son caractère, il écrit à d'Épernon, le priant d'approuver que la charge de Crillon passe à Créqui.

Mais, comme le duc a le mauvais goût de se cabrer dans son refus, huit jours après, le colonel général reçoit, en pleine poitrine, le poulet suivant où l'*ami* n'est plus qu'*un cousin* : — « Mon cousin, je vous ai « mandé ma volonté par Escures. Vous désirez parler « à moi, devant que j'achève cet office. Je le veux ; « venez donc me trouver, bien résolu de suivre mes « volontés, car le serviteur qui veut être aimé de son « maître lui témoigne toute obéissance. *Votre lettre* « *est d'homme en colère ; je n'y suis pas encore : je vous* « *prie, ne m'y mettez pas.* Escures vous dira le surplus, « croyez-le. Ce 21ᵉ mai, à Fontainebleau. HENRY. »

D'Épernon dut boire un calice dont il aurait pu éviter le contenu en ne violentant point la Fortune. Il est dans la nature d'un homme de cour de se cramponner d'autant plus aux honneurs qu'il les mérite moins. Et, par homme de cour, je n'entends point dire homme d'État.

Depuis 1585, le duc nommait directement à tous les grades et emplois dans l'infanterie. Il voit le roi empiéter sur sa prérogative ; mais il se soumet. Sa capitulation, datée du 28 mai, sue à la fois l'adulation et l'hypocrisie.

Le 26 juin, le roi se remet à cajoler le duc : c'est sa façon à lui de brider l'orgueilleux personnage. D'Épernon a fait placer comme gouverneur de la ville, à Loches, une de ses créatures, La Hillière. Ce La Hillière, sacripant, sbire en simarre, meneur de basses besognes, eut un différend avec un chanoine de la collégiale de Loches ; et, comme on était encore en pleines guerres civiles, il en profita pour faire pendre ce malheureux ecclésiastique. Le catholicisme de d'Épernon ne s'émut nullement d'un tel crime. Le duc n'a-t-il point besoin d'hommes à toutes mains, pour il ne sait au juste quel aventureux et ténébreux projet?

Nous avons vu qu'il était à Paris en 1606. Il donne des fêtes en son hôtel, tout en surveillant le manège de la cour. Il traite souvent Bassompierre, à son passage dans la capitale, au retour d'une campagne ou d'une mission; et l'on joue gros jeu, car le duc est joueur. Le roi lui-même, sans beaucoup de chance, cultive la *prime* et la *bassette*, ce qui vaut à Sully des petits billets dans le goût de celui-ci, pris dans le tas : — « Mon ami, j'ai perdu au jeu vingt-deux « mille pistoles; je vous prie de les faire incontinent « mettre ès mains de Feideau, afin qu'il les distribue « aux particuliers auxquels je les dois, ainsi que je « lui ai commandé. A Dieu, mon ami. Ce lundi ma- « tin, 18 janvier (1609), à Paris. HENRY. » — Il semble qu'on entende encore bougonner Sully à l'arrivée de chacun de ces *mandats*. Colère de caissier de bonne maison.

Il va sans dire qu'après avoir tenu les cartes au Louvre, Bassompierre les reprenait volontiers à l'hôtel d'Épernon. Un soir, il aventura cent écus et en gagna cinq mille. C'était de quoi boire, à *la Tour d'Argent*, bien des verres de vin pur, « ce remède d'Allemagne contre la peste ». Mais le jeu et la bonne chère n'empêchaient point d'Épernon d'aller entendre des ser-

mons, — vieux souvenir du règne d'Henri III ! En
1607, tant son influence était grande encore, il fit
donner l'évêché d'Aire à Philippe Cospean, qu'il considérait comme « un excellent prédicateur ». Nous
voilà loin de sa violente sortie contre le moine Pierre
Poncet. Son ami du Perron était, depuis 1604, archevêque de Sens, grand aumônier et cardinal.

V

Pendant que le Bourbon méditait ce qu'on a
nommé *le Grand Dessein*, — la création d'un véritable équilibre européen, la pleine possession pour la
France de ses limites naturelles, — dans les antichambres du Louvre, maints châteaux de province et
pas mal de couvents on travaillait à traverser la politique du grand roi, à lui rendre la vie dure. Ces
assauts lui viennent de seigneurs qu'il a comblés de
bienfaits, et d'une maîtresse trois fois pardonnée de
ses crimes, ou de ses tentatives criminelles. Chose
triste à dire, Marie de Médicis sera avertie du danger
qui menace le roi, mais elle laissera faire.

Depuis l'entrée d'Henri IV à Paris, la conspiration
contre lui est un état chronique, malgré sa modération dans la victoire et le bien qu'il fait au pays. La
condamnation des conjurés de 1602, 1604 et 1605,
la décapitation de Biron n'ont guéri personne. Il est

vrai que le roi a renoué avec Henriette, ce qui facilite à cette vile créature l'espoir d'une revanche.

En décembre 1607, la réconciliation est un fait accompli. Henriette obtient pour son fils l'évêché de Metz, quoique le petit Gaston-Henri de Verneuil n'ait que six ans ! N'oublions pas que cet évêché se trouve dans un territoire gouverné par d'Épernon. C'est la preuve que le duc donne par écrit des conseils à la marquise.

Les évêques de ce temps-là étaient parfois d'étranges personnages. Celui de Verdun, Henri de Lorraine, frère de la pieuse veuve d'Henri III, avait épousé Mlle de Vatan, en pleine abbaye de Gersy, d'où un formidable scandale en France, à Rome, dans toute la chrétienté. L'indigne prélat ayant menacé le pape de se retirer à la Rochelle pour s'y faire huguenot avec sa femme, force fut d'assoupir l'affaire ; et Henri de Lorraine resta évêque de Verdun !

A ce moment, la marquise est en coquetterie avec l'ancien prince de Joinville. Le roi ne peut supporter l'idée d'être cocufié par une maîtresse, passe pour une femme légitime. Il donne donc mission à Sully de le renseigner sur ce délicat sujet. Bientôt, il se décide à faire valoir ses droits d'amant qui paie, pardonne, ne refuse rien à *l'objet chéri*. Cet envoûtement du roi par sa maîtresse ne contribua pas peu à encourager les mécontents dans leurs coupables desseins. Dalila étant avec eux, la capture ou la mort de Samson n'était qu'une affaire de temps.

En avril 1608, l'envoûtement est complet, irréparable. Henri IV écrit à la pieuvre qui suce son sang et son or : « Bousoir, mon âme, je te baise les tetons un million de fois... » Il en avait fait autant à ceux de Corisande qu'il appelait ses « petits garçons ».

Le duc d'Épernon, très renseigné sur l'ardent *revenez-y* du roi pour Henriette, ajoute à la gravité d'un courtisan la familiarité d'un vieil ami de la maison, quand il se rend au Louvre. Sûr de plaire à Henri IV, qui adore ses enfants d'où qu'ils lui viennent, le duc va souvent voir le dauphin, prend part à ses jeux, lui apprend à battre du tambour, ramasse ses baguettes...

A Paris, les politiciens voient en d'Épernon le chef du parti catholique-espagnol. Ils ne se trompent pas : le duc espère en l'appui de Philippe III, vers lequel incline aussi la reine. Il faut donc que l'amitié de d'Épernon pour Marie de Médicis change de nom. Tous deux, en s'alliant dans la chambre, et non plus dans l'antichambre, n'en seront que plus forts puisqu'ils jouent le même jeu.

D'Épernon n'ignore pas que la reine a pour amant, depuis bientôt quatre ans, le coquet Concini, l'élégant de mauvais goût, qui lance des modes, couvrant ses pourpoints de rubans, coiffant ses souliers de rosettes. Sa femme tient l'esprit de la reine, par ses prétendus dons de magicienne, pendant que le mari, qui vise au solide, possède le corps. *Conchine* reçoit des cadeaux, de l'argent; il a ses flatteurs, ses clients. Lui et Leonora sont des puissances... Peu importe à d'Épernon : il poussera sa pointe auprès de la reine, sûr au moins d'être écouté, car elle ne peut pardonner à son époux d'être retombé dans les filets de la marquise.

Le 22 mai 1608, rassuré sur la santé du dauphin, Henri IV va chasser. Le pourchas d'un lièvre le mène devant le château de Malesherbes, propriété du père d'Henriette. Le roi s'attendrit...

Le 25 décembre, jour de Noël, le duc d'Épernon et la marquise de Verneuil se montrent dans l'église Saint-Jean-en-Grève, et, tout en feignant de suivre l'office, se mettent à voix basse complètement d'accord. La partie est engagée. On est sûr de l'appui espagnol. Mais il faut celui de Concini et la complicité simplement *morale* de la reine; puisque, elle et la marquise de Verneuil se détestant à mort, il est impossible de les rapprocher.

En sa qualité d'Italienne, Marie de Médicis est très superstitieuse. Elle croit fermement à la magie, à la divination, aux charmes, à la sorcellerie. Une tireuse d'horoscope lui avait affirmé que le roi n'atteindrait point sa cinquante-huitième année. Or, Marie n'avait pas encore été sacrée reine de France. Serait-elle régente, maîtresse du royaume, si le roi donnait raison à la prédiction? Le sacre, seul, pouvait lui garantir la souveraineté en cas de veuvage. Aussi insistait-elle, chaque jour, pour que ce sacre eût lieu au plus tôt, au grand déplaisir du roi qui avait d'autres préoccupations.

A côté de son Plutarque et des *Commentaires* de Montluc, — ses deux livres de chevet, — on voyait maintenant, sur la table de travail du roi, les états de finances contrôlés par Sully, les dépêches diplomatiques apportées par Villeroy, l'état de l'infanterie fourni par le duc d'Épernon, plusieurs lettres de souverains amis et alliés. Henri IV travaillait au Grand Dessein, refaisait l'Europe selon la triple inspiration de son génie, de son patriotisme et de son esprit de justice... Il avait compté sans Charlotte-Marguerite de Montmorency, cousine par alliance du duc d'Épernon et bientôt princesse de Condé.

« Le châtiment de ceux qui ont trop aimé les femmes, c'est de les aimer toujours. » Combien est profonde cette pensée de Joubert! En janvier 1609, la reine faisait répéter, au Louvre, un ballet : *les Nymphes de Diane*. Parmi les danseuses figurait une ravissante enfant de quinze ans, fille du connétable Henri Ier de Montmorency et de sa seconde femme, la belle Louise de Budos. A peine eut-il aperçu cette extraordinaire, cette incomparable beauté (la Florise des *Amours du Grand Alcandre*), que le roi fut frappé du coup de foudre. En dépit de ses cinquante-cinq ans, sonnés le mois précédent, et de ses vastes projets politiques, il se mit à l'aimer comme un fou. Cet amour donna le coup de grâce à la trop fameuse marquise.

Le cœur du Béarnais flambait, tel un brasier. Sully, La Force, Montbazon, d'Épernon, le grand-écuyer Bellegarde, s'aperçurent bientôt de l'emportement passionné, du regain de jeunesse qui animaient leur maître. Il relisait Ronsard, se servait moins de ses lunettes, ne parlait plus que de la taille, du teint, des cheveux blonds de sa nouvelle déesse. L'éternel amoureux entrerait-il aux Hespérides pour y savourer les pommes d'or ?

L'accès du délicieux jardin était difficile : Mlle de Montmorency avait pour fiancé le brillant Bassompierre, familier du Louvre et « bourreau des cœurs ». Le duc d'Épernon, neveu par alliance du connétable, appuyait fort ce mariage. Henri IV s'inquiéta peu de d'Épernon, qu'il savait mater, mais il somma Bassompierre de renoncer à Charlotte. Et, pour s'aplanir la voie, il la maria à Henri de Bourbon, prince de Condé, triste et sot personnage, peu digne d'une pareille fortune.

Bassompierre, déjà agréé par le connétable, méritait une compensation. Le roi lui offrit de le faire duc et de le marier à Mlle d'Aumale. Il couchait alors avec Marie de Balzac, sœur d'Henriette, qui espérait l'avoir pour époux. Mais le volage officier se borna à lui faire un enfant et refusa d'être duc.

A peine le prince et la princesse étaient-ils mariés que le roi poursuivit la jeune femme de ses assiduités séniles. Le couple se réfugia en divers lieux, puis, en décembre 1609, à Bruxelles. Rien ne lassa, n'affaiblit cette passion. La Verneuil, qui s'en amusait, en attendant d'en tirer parti, disait à tout venant : « Sa Majesté a voulu abaisser le cœur du prince de Condé en lui haussant la tête. »

L'*Astrée* venait de paraître. Autour d'Henri IV on se relayait pour lui lire le roman d'Honoré d'Urfé. Le vainqueur d'Arques buvait à la lettre cette œuvre maniérée, langoureuse, où se reconnaissaient hommes et femmes de la cour, car l'*Astrée* est un livre à clé, tout comme les *Amours du Grand Alcandre*.

Sylvandre a surpris les confidences de Diane à Astrée, — épisode mirobolant que le Béarnais écoute de toutes ses oreilles : — « Il se retira vers ses com-« pagnons aussi doucement qu'il en était parti, et « ayant repris sa place et regardé si quelqu'un de ces « bergers ne veillait point, et trouvant qu'ils étaient « tous profondément endormis, il se mit à la renverse, « et les yeux en haut, il considérait à travers l'épais-« seur des arbres les étoiles qui paraissaient et les di-« verses chimères qui se formaient dans la nue; mais « il n'y en avait point tant ni de si diverses que les « discours qu'il venait d'ouïr lui mettaient en la « pensée... »

Au sortir de cette lecture, le roi lançait après Charlotte les plus hauts seigneurs de son entourage, dans l'espoir que ces limiers la lui ramèneraient. Vint le moment où la petite princesse, trop femme pour n'être point flattée d'une telle chasse à ses beaux yeux, répondit au roi des lettres frisant la tendresse. Peut-être que la pensée d'être reine s'installait en son esprit. Ce que voyant, l'époux de Charlotte, fatigué de la lutte, parla de se faire *démarier*. Henri IV en sut quelque chose. Il semble qu'un instant l'idée de divorcer d'avec Marie de Médicis ait hanté son cerveau.

La reine frémit de colère. Concini, jamais rassasié, ne cessait de l'exciter contre son époux, qui méprisait profondément l'aventurier. Trop italienne pour ne pas dissimuler, elle endormit le roi par un apparent oubli de son passé galant, y compris ce qui concernait la Verneuil; mais elle lui voua une haine d'enfer, dont la princesse de Condé eut sa part. Marie de Médicis voyait déjà Charlotte trôner au Louvre.

Cette haine tourna au profit de d'Épernon. Marie, malgré l'aplatissement du duc devant Henri IV, le tenait pour irréconciliable ennemi du roi. Rien ne rapproche les cœurs bas autant qu'une haine commune. Tout indique qu'en cette sombre année 1609 le duc fut l'amant de sa souveraine, entre les baisers espacés et officiels d'Henri IV et les assauts de Concini. Ce fut une passade, un caprice, qui cimenta l'alliance de Jean-Louis et de Marie. Le *clou d'or* une fois planté, la reine marcha dans la voie rebelle de d'Épernon, — *elle* croyant l'avoir conquis, tandis que *lui* s'en servait pour ses propres desseins. Au reste, dans l'affreuse catastrophe qui allait frapper le roi et la France, du côté des criminels la compagnie était aussi nombreuse et malpropre que titrée.

Notre grand Balzac ne s'y est point trompé. En l'admirable livre où il étudie et absout la politique de Catherine de Médicis, en la comparant aux fautes et aux crimes de l'épouse d'Henri IV, Balzac qualifie d'Épernon d'*ami intime* de Marie. Il ajoute que Catherine, fidèle au lit conjugal, n'eut dans sa vie qu'un pauvre petit amour platonique (pour le vidame de Chartres), tandis que les amours de Marie ne sont pas encore toutes connues. Puis, élargissant sa pensée, il affirme que Richelieu ne triompha, à la Journée des

Dupes, qu'en montrant à Louis XIII les papiers d'État prouvant la complicité de sa mère dans le complot noué par d'Épernon et Mme de Verneuil, — complot en l'exécution duquel les devança Ravaillac, un exalté, un fou, un *isolé*, qui agit pour son propre compte.

Si une duchesse n'a jamais que trente ans pour un bourgeois, une reine a toujours vingt ans pour un homme de la cour. D'Épernon était vigoureux, râblé, large de buste et d'épaules, et grand abatteur de bois. Trois années avant, il fit abbesse à Metz la fille née de ses amours avec Diane. On croit qu'il eut aussi des bâtards avec la nièce d'un certain M. Guepeau. En quittant Diane, — qui épousa Balagny, — le duc leva un galant impôt sur des provinciales et des Parisiennes. Finalement, vers 1608, il prit pour maîtresse en titre Charlotte du Tillet, belle-sœur du président Séguier, son conseiller, le manieur de ses affaires.

La du Tillet, assez laide, vraie langue de vipère, « la plus méchante femme de Paris », a l'avantage d'être le Mercure en jupons de la marquise de Verneuil, par conséquent est fort utile à d'Épernon pour ses louches besognes, ses compérages politiques.

La reine ignorait peut-être cette liaison. Elle ne s'en inquiéta point, d'ailleurs. Pour elle, d'Épernon, fidèle ou non, était un homme de haute qualité, un amant plus qu'avouable et, surtout, le représentant à Paris de la politique espagnole, sous couleur d'un catholicisme véhément. Or, l'Espagne semble avoir été la vraie « seconde patrie » de cette triste épouse et mère.

Marie de Médicis n'était point belle. Rubens et Van Dyck l'ont flattée. Seul, un portrait de Porbus, au Louvre, approche de la vérité. En 1609, la reine a trente-cinq ans. C'est une grosse commère au teint blanc, montrant de belles mains et cachant d'assez robustes bras sous les somptueux vêtements de gala. Mais la figure est vulgaire ; elle a gardé les traits caractéristiques des ancêtres, marchands et banquiers : les joues grasses, le menton et le col lourds, le nez plutôt gros, le regard sensuel. Elle avait lu sans doute Boccace et Bandello. Les gauloiseries, pour ne pas dire les polissonneries, l'amusaient. Son mauvais français, entrelardé d'italien, valait une espèce d'impunité à ses écarts de langage. Tout cela marchant de pair avec la messe et les sermons.

Immédiatement après la Galigaï, la femme de confiance de la reine était Catalina, sa première camériste, celle qu'on chargeait d'entendre sonner l'heure du berger, d'épier les pas du roi.

A aucun moment de sa vie, l'épaisse créature promue reine par ses écus ne comprit l'œuvre, l'esprit et le cœur d'un homme tel qu'Henri IV.

Henri IV, féru de Charlotte, impatient de la posséder, éprouvait parfois des accès de noire mélancolie. Sa popularité, le sentiment de sa gloire, l'empressement de ses vrais amis, avaient du mal à l'en tirer. Maître Guillaume, son fou attitré, y perdait ses peines ; et le vin d'Hippocrate, dont le roi usait dans ces crises, ne réussissait pas toujours à lui « réjouir le cœur ». La froideur de sa femme, l'insolence du groupe Concini, la souriante hypocrisie de d'Épernon, coïncidaient avec l'agitation du clergé, dans Paris, et les propos de certains réformés qui accusaient le roi de trop favoriser les catholiques. Il faut ajouter à cela les remontrances de Sully, toujours inspirées par l'amour de l'ordre et l'intérêt public, mais parfois fatigantes.

A l'intérieur du Louvre, les enfants du roi — main droite et main gauche — se livraient réciproquement la guerre. Le dauphin était très entier, très emporté. *Maman Ga*[1] avait grande peine à le tenir sous sa férule. Il déclarait hardiment que « tous ses frères naturels ne venaient qu'après sa m.... ». On peut juger par là de l'état des esprits dans la famille du roi.

Nous avons vu, pendant la guerre de Provence, le 10 novembre 1595, d'Épernon signer avec Philippe II un traité l'obligeant à faire la guerre au roi et aux hérétiques de France pour le compte de l'Espagne. Philippe III considérait comme bon et valable le traité signé par son père. Le but poursuivi par d'Épernon se précisait. Avec l'appui de la reine et l'agrément de Philippe III, il comptait passer premier ministre, dès la disparition d'Henri IV, et gouverner la France, comme il l'avait gouvernée pendant neuf ou dix ans sous le Valois. Le mignon d'Henri III, malgré les coups du sort, ne pouvait admettre que son rôle fût fini.

D'autre part, quoique ses vices en eussent décidé

---

1. Mme de Montglat, gouvernante des enfants du roi.

autrement, le frénétique duc et pair savait qu'en France on peut arriver à tout par les femmes. Précurseur du cardinal de Retz, il s'accordait à lui-même, devant sa glace de Venise, ce que le coadjuteur attendait d'Anne d'Autriche : « La reine a dit que j'avais de jolies dents ; il se peut que je sois ministre. »

La marquise de Verneuil, point embarrassée par la multiplicité des buts et des moyens, courait plusieurs postes : rajeunir et compléter la conjuration de 1605 ; se venger du roi, qui avait piétiné sur certaine promesse de mariage ; tirer son père de l'exil et son frère de la Bastille ; faire déclarer son fils Gaston de Verneuil apte à régner, son évêché de Metz étant tout platonique, ce qui eût fait du dauphin un bâtard.

Homme de proie autant que d'Épernon, mais capon de la belle espèce, Concino Concini, déjà gorgé de richesses, voulait le pouvoir sans la responsabilité. Ce fantoche portait l'épée, affectait des allures militaires qui ne trompaient personne. « Il y a deux sortes « d'officiers, a dit Cromwell : ceux qui veulent tou- « jours se battre et ceux qui ne veulent jamais se « battre. Je préfère de beaucoup les premiers. » Contrairement à l'opinion du célèbre lord Protecteur, Concini préférait les officiers de la seconde catégorie parce qu'il était de leur promotion. Le bâton de maréchal — ô honte ! — n'en guettait pas moins, dans l'ombre, le personnage.

Premier ministre en l'antichambre, ce faquin comptait choisir lui-même, imposer à sa maîtresse les hommes qui gouverneraient le royaume selon ses vues.

Il en résulterait, pour lui et sa femme, habile à préserver Marie des *guardatori,* une existence encore plus fastueuse et décorative, ce que la reine appelait *li beni, li honori, li carichi...*

L'accession du futur marquis d'Ancre au complot d'Épernon-Verneuil est prouvée autant que le sont ses amours avec la reine. Au Louvre, le *pont d'amour* permettait aux deux amants de donner un libre cours à leur mutuelle passion, sous les regards complaisants de Catalina la camériste. La cour le savait mais se bornait à sourire.

Depuis deux ans. les Parisiens chantaient dans les rues, imprimaient même d'irrévérencieuses chansons, qu'on pourrait appeler des *concinades,* tant le favori de la reine y était mordu à pleins couplets[1]. Chose à remarquer : ce débordement de verve contre le falot Florentin naquit pendant que Marie de Médicis était grosse de Gaston, — le seul fils, dit *de France,* qui posséda tous les vices italiens. Michelet tient Henri IV pour complètement étranger à la conception de cet enfant. C'était l'opinion des contemporains. La vie, lâche, dévergondée, imbécile, de Gaston, la préférence scandaleuse de sa mère pour lui, au détriment de son frère aîné, tout confirme sa suspecte origine. Louis XIII est vraiment le fils d'Henri le Grand, mais Gaston

---

1. La plus célèbre de ces *concinades* débute par ces deux vers :

> Si la reyne doit avoir
> Un fils dans le ventre...

Elle est postérieure, d'ailleurs, à la mort d'Henri IV.

CONCINO CONCINI, MARÉCHAL D'ANCRE.

(Portrait du temps.)

d'Orléans doit le jour à *Conchine*, œuf de coucou subrepticement glissé dans un nid d'aigle.

En décembre 1609, le baron de Vaucelas, beau-frère de Sully et notre ambassadeur à Madrid, informe Henri IV que le ménage Concini est en relations avec Philippe III, par l'intermédiaire de l'envoyé du grand-duc de Toscane auprès du roi d'Espagne. Il serait naïf de croire Marie de Médicis étrangère à cette intrigue, elle, dominée, subjuguée par Leonora! Il s'agissait de marier le dauphin Louis et sa sœur Élisabeth à une infante et à un infant, ce qui entraînait l'alliance perpétuelle des deux couronnes et renversait toute l'œuvre d'Henri IV. Le roi comprit que sa femme tablait déjà sur sa mort. Il dut avoir un geste de dégoût.

A la fin de l'année, tous les fils du complot sont solidement liés. D'Épernon et la Verneuil s'abouchent, correspondent par des émissaires. Charlotte du Tillet sert de véhicule aux deux principaux complices. Les vipères, prêtes à mordre, commencent à siffler.

La reine laissait faire, ne songeait qu'au sacre, à sa régence, sa puissance dépendant absolument de cette formalité.

Le sacre, en empêchant le divorce du roi, écartait à jamais du Louvre et du trône Charlotte de Montmorency. Il fallait d'autant plus vite obtenir d'Henri ce précieux sacre que, d'après une information parvenue à la reine, l'idée d'être démariée souriait à la princesse de Condé. Elle écrivait au Vert-Galant sous le nom de la nymphe Galathée; il répondait en signant Céladon.

Malherbe, — le Sully de la poésie, — entre deux cau-
series avec Maynard et Racan, célébrait les nouvelles
amours d'Alcandre. De l'hôtel de Bellegarde, où logeait le poète, partaient à l'adresse de Charlotte des
éloges chers au cœur féminin :

> A quelle rose ne fait honte
> De son teint la vive fraîcheur?
> Quelle neige a tant de blancheur
> Que sa gorge ne la surmonte?
> Et quelle flamme luit aux cieux
> Claire et nette comme ses yeux ?

L'idée de supplanter la Florentine souriait à cette
coquette petite femme, devenue fort rouée. Tallemant
des Réaux assure que le connétable de Montmorency,
talonné par Céladon, avait fait signer à Galathée une
requête de démariage, — « comme si le divorce, ou
« même le poison, devait écarter du trône Marie de
« Médicis, » dit le grave Sismondi.

On objectera, en ce qui concerne le complot, que
Marie de Médicis détestait trop la marquise de Verneuil pour approuver, même à distance, moralement,
ses abominables buts. Mais l'étude des événements
politiques, passés et présents, prouve que deux adversaires peuvent s'aider en certaines occasions, quittes à
tirer chacun la couverture à soi quand l'affaire a réussi.
La politique — le plus bas de tous les gestes — vit
surtout de marchandages. Au surplus, une reine a
toujours les moyens de mater, de démentir une femme
de cour, eût-elle été pour un temps sa complice.

Quant à l'exécution du complot, d'Épernon l'assurerait au moment voulu, par des hommes à lui, — des coquins, des coupe-jarrets payés pour faire le coup, — non des confidents. Paris regorgeait de métèques, d'aventuriers italiens, espagnols, allemands, gredins de toute espèce, gens de sac et de corde, sachant manier le poignard, la dague, le mousquet. Dans l'audacieux et criminel programme, l'assassinat du roi était pour ainsi dire l'épisode le plus facile à exécuter, celui qui inquiétait le moins d'Épernon.

Henri IV, tout en rêvant sur les bords du Lignon, — c'est-à-dire en savourant la première partie de l'*Astrée*, la seule publiée alors, — et faisant courir après Charlotte, cet oiseau bleu, avait arrêté les principales lignes de son entreprise, de concert avec Sully et Villeroy : l'abaissement de l'Espagne et de la maison d'Autriche au moyen d'une grande fédération européenne. Au total, tant par lui que par ses alliés, le roi de France pouvait disposer de treize armées, soit deux cents canons et deux cent quarante mille hommes, et s'appuyer sur un trésor métallique ou fiduciaire de cent cinquante millions, somme formidable pour le temps.

La succession des duchés de Clèves, Juliers et Berg, convoités par l'Autriche, fut l'étincelle qui enflamma les poudres. Dès avril 1610, Henri IV avait, comme on dit aujourd'hui, mobilisé quarante mille hommes pour entrer dans les duchés.

Mais le Béarnais, avant de commencer la campagne, voulait en finir avec Charlotte. Il était au jeu, certain soir, entouré de Bassompierre, de d'Épernon, de Guise, de Créqui, du comte de Soissons, lorsqu'il abandonna subitement la partie... D'Elbène et le chevalier du guet venaient lui apprendre que le prince de Condé et sa femme s'étaient placés sous la protection de l'archiduc-souverain des Pays-Bas.

Le 13 février, à l'issue d'un conseil où opinèrent tous ses familiers, le roi ordonna au marquis de Cœuvres (Annibal d'Estrées, frère de Gabrielle) de se rendre à Bruxelles et d'y enlever la princesse de Condé. Malheureusement pour l'amoureux, Cœuvres eut l'imprudence de parler de cet enlèvement à la reine... Aussitôt Marie de Médicis, par la voie de l'ambassadeur d'Espagne, fit prévenir l'archiduc Albert et l'infante Isabelle. On empêcha Cœuvres d'arriver jusqu'à Bruxelles, et Charlotte, l'Hélène de cette comique *Iliade*, fut gardée à vue dans le palais de l'infante.

A ce moment se ressoudaient les tronçons de la Ligue. Le vieux serpent reprenait vie et répandait l'absurde bruit que le roi de France allait faire la guerre au pape pour les protestants !

La perte du roi était décidée ; et lui-même en avait conscience, chaque fois que la reine insistait pour être sacrée : — « Maudit sacre ! s'écriait Henri, tu seras cause de ma mort... »

Le fanatique rousseau François Ravaillac, tête creuse, chauffée à blanc par la dévotion, prépara son crime. Tout démontre que ce misérable n'eut point de complices. Il agit isolément, sans se douter que le duc d'Épernon devait en faire autant, le même jour, par ses sicaires armés.

Marguerite de Valois, rentrée à Paris depuis 1605, eut vent des menaçantes allures de Ravaillac. Elle envoya au Louvre une femme de confiance avec mission d'engager la reine à veiller sur les jours du roi; mais Marie de Médicis refusa par deux fois de la recevoir.

Le 20 mars 1610, Henri IV, en prévision de son départ pour l'armée, instituait le conseil de régence. Vers Châlons et Grenoble, les canons roulaient, les troupes se mettaient déjà en mouvement.

Concini fit remarquer à la reine qu'elle avait une seule voix dans le conseil de régence, contre les quinze voix de ses collègues. On ne saura jamais combien la canaille étrangère, en tous les temps, a fait de mal à notre pays !

L'Italienne se vit perdue, privée de toute priorité et d'initiative, réduite à l'état de simple conseillère. Mais, Henri disparu sur le champ de bataille ou autrement, elle redeviendrait reine, *à condition d'avoir été sacrée*. Il y a du vrai dans cette opinion de Tallemant des Réaux, que d'Épernon combina le complot « pour lui faire plaisir ». Marie réclama donc à grands cris le sacre et l'obtint, malgré la répugnance du roi et la vive opposition de Sully.

Les avertissements ne manquaient pas au roi sur le sort qui l'attendait. Dix-sept fois déjà on l'avait manqué. Le roi, fatigué de ces perpétuelles visions de poignards, finit par faire comme César aux ides de mars.

Il ne crut pas à la réussite d'une nouvelle tentative et s'en remit au destin. Les grands hommes, les meneurs d'âmes, ne se doutent pas, ne veulent pas se douter des immenses ressources que possèdent contre eux la médiocrité, la sottise, la calomnie et la haine.

Le sacre de la reine fut fixé au 13 mai, son *entrée* au 15, les fêtes et réjouissances aux 17 et 18 mai. Le lendemain 19, Henri IV devait quitter Paris pour se mettre à la tête des armées. Le sacre eut lieu à Saint-Denis, avec le cérémonial accoutumé. Mais le vendredi 14 mai, un peu avant quatre heures, le roi allant voir Sully à l'Arsenal, son carrosse fut arrêté par un embarras de charrettes, rue de la Ferronnerie. A l'instant même où le duc d'Épernon lisait au roi une lettre quelconque, un homme ayant l'aspect d'un fou s'approcha du carrosse, à ce moment tout ouvert, et frappa le roi de deux coups de couteau...

Et comme, en ces temps prodigieux, le merveilleux et le fantastique sont inséparables de la vie des rois et des reines, on constata que pendant le couronnement de Marie de Médicis la pierre qui fermait l'entrée du caveau des rois se brisa d'elle-même (Richelieu).

LIVRE TROISIÈME

I

Dans le carrosse royal avaient pris place le duc d'Épernon, le maréchal de Lavardin, Roquelaure, ami particulier du roi, les ducs de Montbazon et de la Force, Liancourt, premier écuyer. Le temps était beau, la rue animée, les passants joyeux des préparatifs pour « l'entrée de la reine ». La rue de la Ferronnerie, fort étroite, voisinait avec le cimetière des Saints-Innocents. Selon Malherbe, François Ravaillac, pour commettre son crime, s'adossa contre la boutique portant l'enseigne du *Cœur couronné percé d'une flèche,* — curieuse coïncidence! Pierre de l'Estoile dit : devant la maison d'un notaire nommé Poutrain. Un des coups dont Henri fut atteint coupa la carotide. La mort suivit rapidement.

— « Chose surprenante, écrit L'Estoile, nul des seigneurs qui étaient dans le carrosse n'a vu frapper le roi. » D'Épernon, en parlant, ou lisant sa lettre, s'était arrangé de façon à attirer toute l'attention sur lui et le roi... Pendant que le rouquin, l'exécrable forfait commis, tenait encore à la main son couteau. emmanché d'une corne de cerf, huit ou dix individus à pied, deux autres à cheval, s'abattirent sur lui en criant : *Il faut le tuer!* Un officier de l'escorte royale, le baron de Courtomer, dut tirer l'épée pour leur arracher l'assassin. et tout aussitôt ces individus se perdirent dans la foule. Ceux-là étaient les hommes de d'Épernon, les coquins payés par lui pour tuer Henri le Grand. Mais le fanatisme religieux, l'exaltation, les fausses idées de Ravaillac les avaient devancés. Ils parurent quand la besogne était faite, après avoir préparé l'embarras de charrettes. D'Épernon eut le bénéfice du crime sans en avoir la responsabilité.

Le roi mort, d'Épernon se pose en maître de la situation. Sur son ordre, on s'empare de l'assassin, on l'emprisonne à l'hôtel de Retz, où il resta deux jours, puis à l'hôtel d'Épernon, la propre demeure du duc.

Le lieutenant-gouverneur de la citadelle de Metz, imposé au duc par Henri IV, se trouvait en congé à Paris. Sa première pensée, après l'assassinat, fut de retourner à son poste. Mais d'Épernon, le jour même, avait depêché sur Metz, à franc étrier, un des gentils-hommes de sa maison avec ordre de s'emparer de la place. Lorsque le lieutenant-gouverneur arriva, il trouva les portes fermées devant lui. Le fils cadet du duc, Bernard II de Nogaret, occupait la forteresse pour le compte de son père.

D'Épernon était bien sûr que, dans ses interrogatoires, Ravaillac ne révélerait rien contre lui. L'assassin, natif d'Angoulême, résidence du gouverneur de l'Angoumois, *ne connaissait d'Épernon que de vue.* Ce point est acquis à l'histoire. Le crime fut donc l'œuvre d'un *isolé.* Mais il avait été bien fixé par d'Épernon et ses spadassins gagés au vendredi 14 mai, seul jour où on pût le commettre. En effet, le lendemain, jour marqué pour l'entrée de la reine, Henri IV eût été entouré d'une telle quantité de seigneurs et de gardes que l'assassin n'aurait pu s'approcher de lui.

Sully était en route pour le Louvre. La rumeur lui apprit que le roi venait d'être blessé. Quand il le sut mort, avant de retourner à l'Arsenal, il mit la Bastille en état de défense. Vitry, capitaine des gardes, se chargea de veiller sur les enfants du roi. Le Fay, lieutenant civil du prévôt de Paris, et Sanguin, prévôt des marchands, prirent des mesures d'ordre, celles-là mêmes qu'aurait exigées d'eux le duc d'Épernon.

Dès que le corps du roi, apporté au Louvre, couvert d'un manteau, fut déposé sur son lit, d'Épernon eut une courte entrevue avec la reine. Il monta à cheval, rappela les gardes qui se trouvaient dans les faubourgs, donna l'ordre de fermer les portes de Paris, fit couper les communications entre les deux rives de la Seine. Les compagnies suisses de Bassompierre — très dévoué à Marie de Médicis — et les gardes françaises occupèrent l'Hôtel de Ville, la Grève, les quais du Louvre et du Châtelet, le Pont-Neuf, plusieurs autres points stratégiques. Ces dispositions prises, le duc piqua droit aux Augustins, où siégeait le Parlement, le Palais de Justice étant indisponible par suite de son aménagement en vue des fêtes attendues.

Botté, éperonné, sans se découvrir devant les premiers magistrats de France, d'Épernon mit la main gauche sur la garde de son épée, appuyant ce geste insolent de paroles plus insolentes : « Cette épée est « encore dans le fourreau ; mais, si la reine n'est pas « tout de suite déclarée régente du royaume, je pré- « vois qu'il faudra l'en tirer... »

C'était la plus hardie des sommations. Le premier président Harlay esquissa une protestation. Peu après, il écrivit à la reine une lettre pleine d'amertume, où il blâmait vivement l'attitude de l'ambitieux duc et pair. En attendant, la magistrature dut s'incliner devant l'ultimatum proféré *manu militari*. Marie de Médicis fut proclamée régente. Mais ces légistes, ces robins, mirent à profit le pénible incident. Par la suite, ils n'oublieront pas « qu'une reine leur a reconnu le droit de disposer du pouvoir ».

Le duc remonta à cheval, escorté de ses gentils-hommes et d'une partie des troupes, et retourna au Louvre, où l'attendait non sans impatience Marie, tout en essuyant des pleurs peu sincères. Le chancelier était auprès d'elle ; il fronça le sourcil en voyant entrer d'Épernon et dit à la reine : « Madame, nous avons besoin de remèdes et non de larmes... » Il va de soi que le favori Concini attendait aussi les nouvelles, dans le cabinet de la régente.

En route, un incident, plutôt comique, s'était produit. D'Épernon, piaffant de tout son succès, avait rencontré Charles de Guise, son ennemi d'antan, et tous deux s'étaient embrassés. L'ambition rapproche les hommes. Guise, lui aussi, marchait pour la reine et s'attendait à être ministre. Mais il faisait le jeu de la marquise de Verneuil, dont il était fort épris, si épris même que, la dragée étant d'abord tenue très haut, l'astucieuse Henriette lui arracha, par-devant notaire, une promesse de mariage. Henriette, on le voit, avait un faible pour ce genre de documents.

Selon Bassompierre, qui me paraît en défaut sur ce point capital, Marie de Médicis aurait donné à d'Épernon l'ordre formel de se rendre au Parlement, accompagné des troupes suisses. L'initiative inélégante du duc disparaîtrait ainsi ; son coup d'audace serait en quelque sorte *légalisé*. Mais l'examen attentif de cette journée historique, le caractère violent du duc, les plaintes du premier président infirment l'opinion de Bassompierre. La déclaration de régence immédiate fut vraiment imposée aux magistrats par l'arrogant d'Épernon. Peut-être, de très bonne foi, crurent-ils voir en lui l'envoyé officiel de la reine.

La régente prit en main le pouvoir et remercia fort d'Épernon, qui fut de nouveau très en faveur. Il aspirait au rôle de conseiller suprême, de chef du ministère. Il se trompait. Par pudeur, la reine conserva les anciens ministres d'Henri IV.

Dix mille hommes, aux ordres du maréchal de la Châtre, allèrent prendre Juliers pour le compte de nos alliés; après quoi, avec l'illustre mort, on enterra son Grand Dessein. Lorsque, en janvier 1611, la reine remercia Sully, toute l'influence politique passa à Concini, créé premier gentilhomme de la chambre. D'Épernon frémit, mais se contint : *la reine avait été sacrée*. En cette affaire, l'Italien roula dans les grands prix le cadet de Gascogne. A la vérité, ses titres étaient antérieurs à ceux de son concurrent.

Au reste, la grosse Marie devait bientôt afficher cette scandaleuse liaison, en faisant jeter un pont de bois sur le fossé du Louvre qui séparait son appartement du jardin, dit plus tard *de l'infante*, et au bout duquel se trouvait la maison habitée par Concini. En France, et ailleurs, quand les hommes ont le pouvoir, une femme souvent gouverne. Mais, lorsqu'une femme porte la couronne, un homme exerce toujours le pouvoir. Les Parisiens, qui ne respectent rien, pas même les faiblesses d'une reine, appelèrent ce pont *le pont d'amour*.

Sans lui reprocher les profits les plus solides du pouvoir, pas mal d'hommes enviaient à Concini la possession de la reine : le duc de Bellegarde, l'abbé Ruccelaï, entre autres, en attendant, dit-on, le plus aimable de tous : Henri II de Montmorency, l'imprudent adversaire de Richelieu.

II

Le procès de Ravaillac s'était instruit, vaille que vaille, au milieu des agitations qui ébranlaient l'État.

L'opinion publique n'hésita point sur les instigateurs du complot : elle accusa hautement d'Épernon, le comte de Fuentès, agent de l'Espagne, Concini et la reine. Elle enveloppa aussi en son indignation la marquise de Verneuil. Mais les Parisiens se trompaient radicalement en voyant dans Ravaillac le complice gagé du duc d'Épernon. Du 14 au 27 mai 1610, jour de son supplice en Grève, il ne varia jamais en ses réponses : il affirma toujours avoir été seul. Les véritables bras de d'Épernon, ses agents d'exécution, nous les connaissons : ce sont les dix ou douze inconnus armés qui arrivèrent trop tard sur le théâtre du crime, et que Courtomer empêcha de tuer l'assassin en les menaçant de son épée.

Dès les premiers moments, Achille de Harlay partagea l'émotion générale : « *Des preuves,* s'écria-t-il, *des preuves, il n'y en a que trop!* » Ceci s'appliquait surtout à la reine et à d'Épernon. Mais le patriotisme du premier président lui imposa bientôt une certaine réserve. Il se dit qu'en présence de la minorité du roi Louis XIII, de la haine des Espagnols, des complications extérieures, des troubles créés par la monacaille et les ligueurs, il serait inopportun, dangereux, d'aller jusqu'au bout, de remonter jusqu'à la veuve du mort, maintenant reine et régente par la volonté de sa victime et l'approbation du Parlement. La France, qui avait tant souffert de 1562 à 1596, risquait de sombrer en pleine anarchie à la suite d'un procès criminel qui eût assis sur la sellette *tous les coupables*, quel que fût leur rang. On tenait Ravaillac et cela suffisait.

Pendant les interrogatoires dirigés par le président Jeannin, le duc d'Épernon paya d'audace. Sûr du silence de Ravaillac, qui ne le connaissait que de vue et se borna à voir simplement en lui « un catholique à gros grain », le duc alla trouver Harlay pour lui demander « des nouvelles de l'affaire ». Il se rendit chez le premier président avec cet air impérieux et dominateur qui ne le quittait jamais.

« Je ne suis pas votre rapporteur, mais votre juge ! » répondit l'austère magistrat.

Harlay, écœuré par l'attitude de d'Épernon, — qu'il savait coupable sans pouvoir le mettre en jugement, faute de preuves, — se plaignit de nouveau à la régente. Il se démit de sa haute charge, qui passa, en 1611, à Nicolas de Verdun. premier président du parlement de Toulouse.

Un événement, noté par L'Estoile, confirmé par les historiens, se produisit, à Pithiviers, à l'heure même où Henri IV succombait sous le couteau d'un fanatique. Le prévôt de cette ville — individu mal famé

et très connu de la marquise de Verneuil — déclara
à ses partenaires, pendant une partie de boules, qu'à
ce moment « le roi devait être mort ou fort blessé ».
Dénoncé, le prévôt prit la fuite. On réussit à l'arrêter ;
on l'emprisonna à la Conciergerie, où, huit jours
après, on le trouva étranglé dans son cachot. D'Épernon avait *le bras long*; la vénalité des geôliers était
légendaire. Le duc craignait trop l'interrogatoire du
prévôt pour qu'on puisse complètement l'absoudre de
cette mort.

On connaît les révélations faites par Jacqueline
Le Voyer, femme du sieur d'Escoman, séparée de son
mari, qui servait comme simple soldat. On connaît
aussi le manifeste du sieur La Garde. On acheta son
silence en lui donnant un emploi. Le jeune roi craignait qu'il ne sortît de tout cela d'offensantes insinua-
tions contre sa mère.

Le *Véritable manifeste sur la mort d'Henri IV*, par
Jacqueline d'Escoman, publié en 1616, accusa formellement le duc d'Épernon, la marquise de Verneuil,
d'autres grands personnages. N'ayant pu prouver *ju-
ridiquement* (il faudrait s'entendre sur le sens de ce
mot !) les faits qu'elle avançait, la d'Escoman fut con-
damnée à un emprisonnement perpétuel, par arrêt du
Parlement en date du 30 juillet 1616. Il est évident
que la prison *perpétuelle* allait faire taire l'obstinée
bavarde, à la grande joie des intéressés.

En somme, que ressort-il du manifeste de la d'Escoman ? Une culpabilité plus que morale pour d'Éper-

non et Henriette de Balzac, une culpabilité effective pour Ravaillac... Le fou devança les conjurés.

L'accusation formelle contre d'Épernon s'était affirmée en deux satires incendiaires : *la Chemise sanglante de Henry le Grand* et *la Rencontre de M. d'Espernon et de François Ravaillac à Angoulesme*. Dans ce dernier opuscule, on ajoutait aux complices connus le P. Cotton, qui dut s'en troubler fort peu. En 1615, sortit un autre pamphlet particulièrement dur pour Marie de Médicis. Cette guerre d'imprimés dura jusqu'en 1617, bernant à la fois d'Épernon, la marquise, la reine, l'Espagne, Concini, le P. Cotton, — étrange salade ! Le criminel duc et pair la subit sans émotion. Son parti était pris. Il allait passer à d'autres exercices.

On signale encore un second factum de La Garde, qui valut à son auteur six cents livres de pension. Louis XIII n'avait que trop à se plaindre déjà de sa remuante mère, mais ne voulait point la laisser flétrir d'une accusation d'assassinat.

Ce geste royal semble indiquer l'existence d'une procédure secrète, naturellement qualifiée « secret d'État ». Mais, bien certainement, les mystérieux documents ne gisaient pas au greffe du Parlement lorsque le Palais de Justice prit feu dans la nuit du 5 au 6 mars 1618. Le quatrain rimé à ce sujet par Théophile de Viau n'est qu'une malicieuse boutade. Tout de suite on accusa d'Épernon d'avoir fait incendier le Palais pour anéantir les pièces qui prouvaient son complot, tant le duc était haï du peuple, prêtait le

flanc aux accusations... Cet homme traînait après lui
un si infâme passé, s'enveloppait d'un si odieux présent, qu'il était, en quelque sorte, le marquis de Ca-
rabas du crime : le feu, le poison, le poignard, la
trahison, tout lui appartenait ! La catastrophe de 1618
fut simplement due à un bolide, une bombe de feu
tombée du ciel.

Balzac, très affirmatif en ce qui concerne le drame
de mai 1610, ne sépare point d'Épernon de la reine.
Victor Hugo, après un léger doute, laisse à l'incendie
du Palais sa cause naturelle. Michelet soutient la
thèse de la culpabilité, d'accord en cela avec tous les
contemporains de bonne foi, et la fait peser sur trois
têtes : d'Épernon, Henriette, la reine ; mais il a tort de
voir en Ravaillac leur agent.

III

Louis XIII avait dix ans lorsque Maximilien de
Béthune, duc de Sully, quitta la cour, puis l'Arsenal
pour se retirer en son château de Villebon, où il
mourut en 1641. Le tombeau de ce grand ministre,
stupidement violé à la Révolution, se trouve aujour-
d'hui à l'hôpital de Nogent-le-Rotrou, fondé par lui.

Il avait prévu les malheurs qui attendent toujours
la France pendant le sommeil de la loi salique.

Ces malheurs, pour le cerbère des finances, c'étaient la révolte des seigneurs, le duel d'influence entre Concini et d'Épernon, le licenciement de l'armée, l'abandon des alliances nouées par Henri le Grand, la dilapidation du trésor, le réveil des passions religieuses. Son gendre, le duc Henri de Rohan, chef du parti protestant, donna le signal de la rébellion, non dans l'intérêt de sa foi, mais pour satisfaire ses ambitions politiques.

Jeannin s'essayait à jouer les Sully. Villeroy restait ministre sous la coupe de Concini. Lui et d'Épernon survivaient à un demi-siècle de guerres, de révoltes et d'intrigues. Il y eut sans doute alors un vague rapprochement entre ces deux curieux hommes.

On a vu la régente de France en relations suivies avec l'Espagne. Dès 1610, elle travaille de toutes ses forces à allier les deux pays. Cette politique aboutit, en 1615, au mariage de Louis XIII avec l'infante Anne d'Autriche et à celui d'Élisabeth de France avec le futur Philippe IV. Le Béarnais dut en frissonner dans son tombeau.

La marquise de Verneuil, maintenant maîtresse de Charles de Guise, avait obtenu qu'il l'épouserait. Les rois lui manquant, Henriette se rabattait sur un duc. Cette promesse, faite et signée en présence de deux notaires, fut soumise à un conseil d'amis, réuni le 15 septembre 1610, et où figurait le duc d'Épernon. Mais Guise renia sa signature. A la grande colère de la marquise, le conseil donna raison au duc. Il épousa Henriette-Catherine de Joyeuse, veuve depuis 1608 du duc de Bourbon-Montpensier et nièce du duc d'Épernon. La petite-fille des nouveaux époux sera la Grande Mademoiselle et aimera Lauzun, autre cadet coureur d'aventures.

A partir de ce moment, Henriette de Balzac, l'affolante sirène, disparaîtra de la cour et de Paris pour y revenir dans douze ans. au mariage de sa fille Gabrielle. Et cette fille aura pour époux le fils cadet de d'Épernon, complice de sa mère ! Quel roman vaudra jamais toute cette réalité ?

Jusqu'en 1612, d'Épernon est à la cour, avec de rares séjours à Metz et au château de Cadillac. Marie de Médicis lui sourit, l'écoute ; les choses ne vont pas plus loin. Guise reste gouverneur de Provence ; d'Épernon n'ajoute point à sa pairie une patente de ministre. Concini et sa femme, plus insolents que jamais, gouvernent la France et la reine. Marie s'attribue le gouvernement de Normandie, dont d'Épernon comptait redevenir titulaire, et en donne la lieutenance générale à l'Italien.

C'est une véritable pluie d'or qui s'abat sur la tête de ce drôle. Jamais Danaé n'aura connu pareille aubaine. Concini achète pour trois cent trente mille livres le marquisat d'Ancre, et paie deux cent mille livres la charge de premier gentilhomme de la chambre. L'or lui permet encore d'obtenir le gouvernement de la citadelle d'Amiens, la lieutenance générale de cette ville, celles de Péronne, de Bourg-en-Bresse. Enfin, à la grande colère de ceux qui se sont bravement battus, l'étonnant faquin prend le titre de maréchal de France.

Leonora, de son côté, mêle à son occultisme des tripotages financiers. La Cour des aides, s'inspirant des méthodes d'Henri IV et de Sully, poursuivait les trésoriers prévaricateurs : moyennant trois cent mille livres, Leonora s'engagea par contrat à faire acquitter les escroqueurs de deniers publics. Sorcière, non ; voleuse, oui !

D'Épernon comprit un peu tard que, si d'autres arrivent par les femmes, lui ne peut plus se maintenir que par les hommes. Il se propose de quitter cette ingrate reine, qui ne cesse point de le déclarer *simpatico*, sans lui dorer l'adjectif, et cette cour, où des hommes ayant vécu dans l'intimité de trois rois supportent qu'un misérable étranger pille la France.

Chose étrange, et dont il ne sent point le ridicule, d'Épernon, qui a tant pillé et grappillé, s'érige en professeur de morale ! Son ami, le cardinal du Perron, lui conseille de ne pas se brouiller avec la régente : *Maria gratia plena*, ajoute ce profond philosophe. Le cardinal a raison : d'Épernon ne quittera point la cour sans avoir assuré l'avenir de ses enfants. Il consacre donc la fin de 1610 et l'année 1611 à tirer tout ce qu'il peut de la reine.

Il a trois fils ; il entend qu'ils soient largement rentés et pourvus de charges.

L'aîné, Henri de la Valette, dit de Foix, a dix-neuf ans. C'est un élégant coureur de femmes, de tripots, de comédiennes, de maisons de baigneurs. Il emploie ses loisirs à imaginer des modes nouvelles, notamment les garnitures et les collets *à la Candale*. Son père, fatigué de payer ses dettes, le réduit à une pension, ce qui fait crier le personnage. Comte de Candale du chef de sa mère, dont il n'a point la beauté, quoique en faveur auprès des dames, Henri obtient d'être reconnu « duc de Candale », grâce à son père et à la régente. En 1613, un tas de créanciers hurlant après ses chausses, il entre au service du grand-duc de Toscane et va faire ses premières armes contre les Turcs. Deux ans après, il est l'amant de la duchesse de Rohan, fille de Sully, dont le mari est en rébellion. Après avoir servi quelques mois sous le prince d'Orange, le duc de Candale commande un régiment calviniste, puis une armée, pour faire plaisir à sa maîtresse, enragée huguenote.

Par la suite, il épouse Mlle de Menelaye, parente des Gondi. Mais il tombe sur une *valétudinaire,* c'est-à-dire une femme pour qui les domestiques sont toujours des hommes. Henri obtient le démariage; sa femme épouse Schomberg, duc d'Hallwin. En attendant de retrouver le duc de Candale, on peut le considérer, dès à présent, comme le condottière de la famille.

Le second fils du duc d'Épernon, Bernard II de Nogaret, porte le titre de marquis de la Valette. En 1610, son père lui fait avoir la survivance de colonel général de l'infanterie, à laquelle s'ajoutent les survivances des gouvernements de Metz, du pays Messin et du château de Loches. Il est d'un caractère violent, féroce, passionné. Dépensier, méprisant, dur avec ses maîtresses, son égoïsme déconcerte. Comment l'exquise créature que fut la comtesse de Candale a-t-elle pu mettre au monde un pareil garnement? En Bernard semblent se résumer, se condenser tous les vices paternels, aussi fut-il le préféré du duc d'Épernon.

Bernard II n'est point sans aptitudes militaires, à tel point que certains dictionnaires historiques le qualifient de « capitaine illustre ». Il sait commander et se faire obéir. A Metz, il loge au palais de son père, et surveille la citadelle. A Paris, il est chez lui à l'hôtel d'Épernon. En attendant qu'on lui déniche une riche héritière, il fréquente volontiers les histrions, au sortir du Louvre, où ses violences font peur aux dames de la cour.

Le troisième et dernier fils du duc, Louis de Nogaret de la Valette, a dix-sept ans. Il semble bien que sa naissance ait causé la mort de sa mère. Contrefait, voûté, il a pour apanage physique des lèvres d'orang-outang, avec quelque chose de grotesque dans la parole et l'attitude. Il est de ceux dont la vue entraîne un rire irrésistible. Son précepteur, l'abbé Charles de Montchals, lui a donné le goût des lettres. On sait qu'il a laissé des *Mémoires* assez curieux. Sans qu'il prenne les ordres ni le petit collet, son père lui fait obtenir, en 1610, l'abbaye Saint-Vincent de Metz, l'abbaye Saint-Victor de Marseille, le prieuré de Saint-Martin-des-Champs. On croit qu'il sera un jour une des lumières de l'Église, sa plastique lui interdisant les conquêtes féminines. C'est l'opinion générale, mais les événements lui donneront un démenti. L'avorton portera son regard jusque sur une reine et réussira là où échoua Henri IV, c'est-à-dire possédera la délicieuse princesse de Condé ! La femme est l'éternelle énigme.

En 1613, sans la prêtrise et malgré le pape, Louis de la Valette est nommé archevêque de Toulouse. Il avait à peine vingt ans. Le Vatican estime que le sujet ne mérite point un tel honneur. Mais on ne s'arrête pas à cette protestation. Le prélat de cour ne mettra jamais les pieds dans son diocèse, où il aura pour coadjuteur, jusqu'à sa démission, l'abbé de Montchals. Il se contentera d'en palper les gros revenus et de les éparpiller au vent de sa fantaisie.

Ses affaires familiales réglées au moyen de son influence, d'Épernon porte toute son attention sur les événements publics.

Concini et la Galigaï, aidés de compères aux dents aiguës, dilapident sous les yeux de la régente les millions économisés par Henri IV. Leonora s'imagine que sa sœur de lait gardera le trône indéfiniment. Son mari s'entourait d'une véritable cour de gentilshommes, ceux qu'il appelait ses *coglioni à milo franci*. Le peuple était ruiné d'impôts. Le prince de Condé, après le duc de Rohan, prenait les armes. La haute noblesse voulait des provinces, aspirait à ressusciter les grands féodaux, dont le seul d'Épernon, par une étonnante faveur du sort, incarnait encore le type.

Après avoir reçu et fêté Marie de Médicis en son hôtel, assisté et dansé aux ballets de la cour, enterré enfin ses rêves de ministère et de maréchalat, d'Épernon regagna Metz, suivi de Bernard et de Louis. L'archevêque de Toulouse s'était donné le luxe d'un secrétaire intime en la personne du jeune Jean-Louis Guez de Balzac, filleul du duc. Le futur académicien rédige les lettres d'amour du prélat et, dans certaines occasions, tient la plume pour d'Épernon.

A Metz, lui, ses fils, ses gentilshommes, logent à la Haute-Pierre, résidence ordinaire des gouverneurs. Le duc monte à cheval de temps à autre et va visiter sa bâtarde, l'abbesse de Sainte-Glossine. Il attend un ouragan quelconque, en caressant l'espoir de servir d'arbitre entre Louis XIII et sa mère, car il sait par ses espions que le roi n'aime guère Concini.

Le 14 octobre 1614 s'ouvrent les états généraux. Louis de la Valette y assiste. L'orateur du clergé, Armand-Jean du Plessis, — qu'Henri IV a fait évêque de Luçon à vingt-un ans, et que sa veuve a pris pour aumônier, — y affirme sa claire éloquence, son ardent patriotisme... D'Épernon regrette Paris.

Son vieil ami Roquelaure reçoit le bâton; Bassompierre est nommé colonel général des Suisses. Fatigué de son repos, le duc quitte Metz, entre en Angoumois et y recrute des troupes. Pour attirer l'attention de la reine, il tente de prendre la Rochelle aux protestants. Il échoue; et d'Aubigné — le vieux persiste! — l'accable de sarcasmes...

Il revient à Paris, va saluer le roi et sa mère, en est bien reçu, mais il constate que l'évêque de Luçon, entré au conseil le 1er novembre 1616, a toute la faveur politique de Marie. Le nouveau ministre, homme d'action et d'énergie, fait emprisonner Condé à Vincennes. La révolte des grands avait coûté à l'État plus de vingt millions.

Si la *découverte* de Richelieu honore la reine-mère, il faut avouer qu'en juillet 1616 elle bravait à plaisir le sentiment national en commettant une de ses plus lourdes fautes. Péronne venait d'être livrée au factieux duc de Longueville. La reine tira de la Bastille, où il ripaillait depuis onze ans, le criminel Charles de Valois, et, malgré la protestation du Parlement, confia à ce misérable le commandement d'une armée destinée à reprendre Péronne. D'un bout à l'autre, ce fut un flamboiement d'indignation, aggravée encore par les terribles pamphlets qui s'abattaient sur les trois premiers rôles de 1610. On y réclamait, avec arguments à l'appui, la mise en jugement de tous ceux qui, de près ou de loin, avaient contribué à la mort du roi.

Louis XIII, à quinze ans, tout en battant du tambour et chassant au faucon avec de Luynes, eut le sentiment qu'il se passait autour de lui des choses malpropres, nuisibles à l'État. Il voulut enfin cesser d'être un enfant aux mains de sa mère. Le mépris qu'il témoignait à Concini devint une haine bien accusée.

La reine-mère a trop prodigué à ce fantoche ce qu'elle nomme *honori, beni, carichi* (honneurs, biens, caresses), car, lorsque le français la tourmente, elle lui substitue volontiers la langue de sa patrie et sa prononciation. Grâce à elle, le jésuite Suffren, compère du P. Cotton, s'appelle à Paris le *Père Souffran*. Conciui, fanfaron, musqué, bichonné, est incapable d'une idée, d'une direction quelconque. Si on l'interroge, il s'évade avec une pirouette : *Pardiou, moussu, io ne cognosco pas queste affaire...* Honte à jamais aux misères de la politique d'alcôve! Et c'est pourtant un pareil pitre qui a protégé les débuts de notre grand Richelieu !

Le grotesque s'insinue toujours dans le tragique[1]. La mort de Concini n'était plus qu'une question d'heures, et l'on dansait, s'amusait, s'esclaffait autour de lui, Marie de Médicis en tête. Assez friande de mots grivois, elle s'égayait de la désagréable infirmité qui désolait le brave maréchal Roquelaure. Même en présence de la reine, il ne parvenait pas toujours à la contenir. Un jour qu'il sortait en grande hâte de son cabinet, elle lui cria : *L'ho sentito. signor mareschal.* Roquelaure, qui savait un peu l'italien, répliqua : « Votre Majesté a donc bon nez? »

A côté d'amours trop réelles. il est certain que Marie de Médicis eut des engouements platoniques.

Fut-ce pour donner de la jalousie à Concini, ou simplement mesurer jusqu'où peut aller la vanité d'un homme? elle s'avisa, pendant quelques jours, de jouer le rôle d'*allumeuse* à l'égard du poète Gombauld. Elle l'avait remarqué au sacre de Louis XIII et le fit porter sur l'état de la maison du roi pour une pension de douze cents écus. La reine cherchait partout des yeux Gombauld, lisait ses ouvrages. Catherine, *Catalina,*

---

1. « Le bon Dieu est romantique, disait Flaubert : il mêle perpétuellement les deux genres. »

FRANÇOIS DE BASSOMPIERRE, MARÉCHAL DE FRANCE.

(D'après Alaux.)

la camériste, l'Iris de la reine, pour faire une malice
à sa maîtresse et au soupirant, certain jour d'été,
laissa entrer Gombauld dans la chambre de Marie de
Médicis, alors couchée sur son lit, dans une pose royalement abandonnée. L'aventure, pourtant, n'alla pas
plus loin, mais Gombauld sortit de là tout en-
flammé... Il rima pour la reine-mère le poème d'*En-
dymion*, puis, entre autres sonnets, celui qui se termine ainsi :

> Flambeau de l'univers, qui vas tout allumant,
> Dy-moy pour qui reluit cette heureuse journée :
> Est-ce pour un monarque ? ou bien pour un amant ?

Concini était impudent, mais trop fin pour ne pas
comprendre. chaque fois, en saluant le roi, qu'il avait
cessé de plaire. L'inquiétude entra peu à peu en cette
vaniteuse cervelle. Il confia ses craintes et ses ennuis à
Bassompierre.

L'entretien eut lieu chez Concini, en son petit logis
du quai du Louvre.

Il résulte de cet entretien que Concini, venu en
France sans un sou et avec plus de 8.000 écus de
dettes, possédait, grâce à Marie de Médicis, la valeur
de trois millions de livres en terres, rentes, charges ;
qu'il avait 600.000 écus sur Feideau, plus de
100.000 pistoles engagées dans des affaires, et
500.000 écus à Florence et Rome, sans parler de
l'hôtel Concini, dans l'actuelle rue de Tournon. Il
avoua même avoir offert au pape 600.000 écus pour
l'usufruit, sa vie durant, du duché de Ferrare, où il

souhaitait se retirer. Puis, se mettant à pleurnicher, il déclara que sa femme, la Galigaï, ne voulait pas quitter Paris, malgré son désir, à lui, Concini, de prendre sa retraite...

Cette conversation, baragouinée à l'italienne, ne dut point manquer de piquant. « Le pauvre homme! » aurait dit Molière. Faites donc gouverner la France par des métèques! Celui-ci avoue millions sur millions, pendant que le bon peuple français mourait de faim. Et cette scandaleuse prospérité d'un fainéant enrubanné est une tache ineffaçable à la mémoire de l'indigne veuve d'Henri IV.

Bassompierre — ce Lorrain digne de naître Gascon — était un pince-sans-rire. Il fit remarquer à Concini qu'en outre de *sa femme*, il lui restait *quatre nièces* qui pourraient apporter « beaucoup plus d'appui à sa « fortune, en l'alliant par leur moyen à quatre grandes « maisons de France dont il aurait le choix ». Il le consola du mieux qu'il put, mais ne lui cacha point que, si les choses se gâtaient, il ne prendrait jamais que les ordres *du roi*.

L'amitié du duc d'Épernon et de Bassompierre était fort étroite à ce moment, malgré la différence d'âge, si étroite même que le colonel général des Suisses associait le duc à ses résolutions. L'orage grondait. Peu de jours avant d'écouter les plaintes de Concini, Bassompierre avait dit à la reine-mère : — « Si le roi « s'en était allé un de ces jours à Saint-Germain, et « qu'il eût mandé à M. d'Épernon et à moi de ne plus « vous reconnaître, nous sommes vos très humbles

« serviteurs, mais nous ne pourrions faire autre chose
« sinon de venir prendre congé de vous... » Sous-
entendu : *M. d'Ancre étant votre homme.*

D'Épernon s'apprêtait donc à quitter Marie et à
faire retraite du côté du roi. A ce moment, le duc
n'était pas très bien noté dans les papiers de Louis XIII,
qui s'initiait sans doute à l'histoire des deux derniers
règnes. A la cour, il n'en redevenait pas moins l'homme
d'autrefois : orgueilleux, hautain à l'excès, cordialement détesté comme au temps où le Valois était son
serviteur plutôt que son maître. A peine son fils Louis
avait-il obtenu l'archevêché de Toulouse qu'il demanda pour lui le chapeau de cardinal. On l'engagea
à patienter.

Le 24 avril 1617, Concini trouvait la mort sur le
pont du Louvre, Vitry *fecit,* et Louis XIII régnait par
lui-même. Il avait un premier ministre tout prêt : le
fauconnier d'Albert de Luynes.

Le lendemain, d'Épernon alla saluer le roi, c'est-à-
dire *se mettre à sa disposition,* — comme certains dé-
putés vont à l'Élysée, de nos jours, après la chute d'un
ministère. En quittant le cabinet royal, il rencontra les
deux frères de Luynes, — d'Albert et Cadenet (l'in-
venteur des *cadenettes*), — qui montaient par le grand
escalier. On lui demanda ce qu'il y avait de nouveau :
« Rien, messieurs, si ce n'est que vous montez et que
je descends. » Il ne se trompait pas. D'Albert, entré
au Louvre grand-oiselier, en sortit premier ministre.

En politique, soixante-trois ans n'empêchent pas
d'être une puissance. C'était le cas de d'Épernon. Le

nouveau ministre lui battit froid, mais le duc ne plia jamais devant lui.

De Luynes, que Victor Cousin — avec sa courte vue de ces temps compliqués — nous donne pour un parfait homme d'État, n'était au fond qu'un pauvre esprit, vaniteux, incapable, avide d'argent et d'honneurs, un lamentable gouvernant. Brienne l'appelle « un connétable qui n'a jamais tiré l'épée que contre les sangliers ». Il accapara la justice, la guerre, l'intérieur, les affaires étrangères, et n'eut qu'un programme : brouiller le roi avec sa mère et bâtir sa fortune sur cette lutte intestine. Il démolit donc, autant qu'il le put, d'Épernon dans l'esprit du roi.

Comme duc et pair, d'Épernon ne pouvait supporter que du Vair, garde des sceaux, s'assît en face de lui à la table du conseil. En 1617, le jour de Pâques, à Saint-Germain l'Auxerrois, du Vair avait pris place à côté du roi, au-dessus des ducs de Montmorency, d'Uzès, de Retz et de Montbazon. D'Épernon survint, frappa sur l'épaule du garde des sceaux et l'invita durement à s'asseoir ailleurs. Du Vair, fort humilié, quitta l'église. Mais, le lendemain, un arrêt du conseil donna tort au duc d'Épernon en termes formels. Les rieurs de la cour ne furent pas de son côté.

Ce n'est pas tout : en novembre, le roi ordonna au duc d'aller le voir à Saint-Germain-en-Laye. D'Épernon commit la maladresse d'arriver au château suivi de son fastueux train, c'est-à-dire de trois cents chevaux. Sous Henri III, ce train fut parfois de huit cents chevaux. Louis XIII lui commanda d'entrer seul et lui dit royalement « qu'il serait pour lui un bon maître si, de son côté, il se montrait bon serviteur ». Le fils d'Henri IV se vengeait, peut-être sans s'en douter, des insolences dites par d'Épernon à son père.

La mort de Concini entraîna l'exil de la reine-mère et, par ricochet, celui de l'évêque de Luçon, ce qui n'empêcha point le futur cardinal-duc de Richelieu de demeurer fidèle à sa bienfaitrice, de conserver le premier rang dans sa maison, mais sans engager l'avenir.

IV

Au Louvre, on parla sérieusement d'arrêter le duc d'Épernon. Louis XIII ne lui pardonnait pas, non plus, de voir tout Paris s'inscrire chez lui pour marquer sa sympathie... ou sa crainte. Lassé de l'hostilité du premier ministre et de la froideur du roi, peu disposé à faire connaissance avec la Bastille, le duc se retira en hâte dans son gouvernement de Metz. A peine atteignait-il Rosoy qu'il crut deviner qu'on le poursuivait. Il redoubla de vitesse. A Metz, l'archevêque de Toulouse, pour qui il demandait depuis quatre ans la pourpre romaine, vint le rejoindre. De Luynes avait fait donner à Gondi, métropolitain de Paris, la robe rouge promise au fils de d'Épernon.

Avec cette nouvelle arriva au duc celle de l'exil, à Blois, de la reine-mère. Il garda son calme, estimant

qu'il ne devait plus rien à son ancienne complice d'alcôve et d'intrigue.

Le duc augmenta la garnison de Metz, s'entoura
d'officiers ayant fait la guerre, pendant que Bernard II feignait de lire des traités d'art militaire. En
réalité, il regrettait la cour. Mais il fallait obéir,
charrier droit dans le sillon de son terrible père.

Malgré sa résolution d'abandonner Marie de Médicis aux rancunes de son fils, les événements furent
plus forts que la volonté de d'Épernon. Lâchant les
rênes à son ambition, s'accordant même les airs d'un
chevalier vengeur des dames, se ressouvenant de son
heureux *flirt*, de sa passade avec la grosse et sensuelle
Marie, de nouveau il allait être rebelle à son roi en
faisant échapper de Blois la veuve d'Henri IV.

Marie de Médicis quitta Paris le 4 mai 1617. En
guise d'adieu, le roi, habillé d'un pourpoint de satin
blanc et botté pour la chasse, lui jeta ces paroles :
« Madame, j'aurai soin de vous comme ma mère. J'ai
« pris la résolution de ne souffrir plus qu'autre que
« moi commande en mon royaume. » Marie descendit
le grand escalier du Louvre, accompagnée de sa
belle-fille, — la jeune reine Anne, — de son fils
Gaston, de ses filles Christine et Marie-Henriette.
Louis XIII courut au balcon de la galerie — la fenêtre
dite *de Charles IX* — pour voir passer le carrosse qui
emportait sa mère. Il plaisanta, tout haut, sur les
plumes et les équipages des dames d'honneur. Après
quoi, il fut tout à ses pies-grièches et à ses faucons.

Marie arriva, le 10 mai, en ce château de Blois,

dont la beauté ne lui fit point oublier les tragiques annales.

A peine installée, elle apprit la condamnation à mort de Leonora Galigaï. Malgré la grâce promise, de Luynes laissa exécuter la veuve du maréchal d'Ancre. C'était une faute : il fallait faire rendre gorge à la prétendue sorcière et la renvoyer en Italie. Vitry, capitaine des gardes, était passé maréchal; et de Luynes continuait de s'approprier en douceur l'opulente dépouille de Concini : les terres de Lésigny et d'Ancre, huit cent mille écus en argent comptant et valeurs, le gouvernement d'Amiens, la lieutenance générale de Normandie, la charge de premier gentilhomme. Marie, frappée dans son amour-propre et ses affections, commençait à expier ses fautes.

Elle avait auprès d'elle Armand du Plessis, son aumônier et le chef de son conseil. Mais Luynes, redoutant la valeur et l'habileté de l'évêque de Luçon, l'exila dans Avignon. Il le remplaça, à Blois, par le sieur de Roissy, véritable espion sous la politesse d'un courtisan.

En l'été de 1618, les vexations devinrent si irritantes et injurieuses que Marie parla d'aller voir son fils pour se plaindre d'un exil changé en étroite captivité. Luynes eut peur des conséquences qu'entraînerait peut-être cette entrevue. Il doubla la garnison de Blois, avec défense à la reine de sortir de la ville. Ornano, colonel des Corses, osa même la menacer de la rendre *aussi sèche que le busc de son corset,* si elle tentait d'aller trouver le roi.

Le 3 novembre, on l'oblige à prêter, par écrit, le serment « de ne point se rendre auprès de son fils qu'il ne l'envoyât chercher lui-même ». Le P. Suffren, son confesseur, la délia de ce serment, « imposé, disait-il, de force ». Dès lors, Marie de Médicis, sûre d'être approuvée par l'Église, n'eut qu'une pensée : reconquérir sa liberté.

Bien avant son départ du Louvre, elle s'était aliéné d'Épernon, cet amant d'une heure, au profit de Concini, l'amant de toujours. Ce ne fut donc pas au duc qu'elle demanda d'abord la réalisation de son rêve, mais à un des nombreux Italiens venus avec elle des bords de l'Arno, l'abbé Ruccelaï.

M. de Luçon exilé, il ne lui restait que deux dévoués : le jeune comte de Brienne, son écuyer, et Catherine, sa première femme. Cet isolement, connu au dehors, lui valut de grandes et inattendues sympathies, justifiées aussi par l'impopularité de son persécuteur. On sait qu'à sa mort Luynes laissa encore moins de regrets que Concini. Le prince de Joinville, les ducs de Mayenne, de Rohan et de Bellegarde, le cardinal de Guise, protestants et catholiques, s'émurent au point d'offrir leurs services à une femme qui avait entassé fautes sur fautes, sans doute, mais était, après tout, la mère du roi.

L'oracle des séditieux, le vieux maréchal duc de Bouillon, consulté, approuva le projet de fuite en donnant un efficace conseil : *Adressez-vous à d'Épernon !*

Pendant sa régence, Marie admit au nombre de ses familiers le petit abbé Ruccelaï, dont on vient de parler. Son père, florentin ou romain, fit fortune sous Henri III comme fermier de l'impôt du sel ; celui-là nous venait, en tout bien tout honneur, de la grande Catherine. L'abbé, protégé par Concini, allait être appelé à un ministère quand le maréchal d'Ancre fut pistolété. Il suivit la reine à Blois, conserva son amitié, puis, à la suite d'un tripotage (la révélation des fonds placés à Rome par Concini), il obtint de revenir à Paris jouir de ses vingt mille écus de rente.

Spirituel, généreux avec les artistes, il afficha un certain luxe, se posa en gastronome raffiné, s'acquit des sympathies. Il se vantait de jongler avec le cœur des femmes, de conquérir les plus huppées, à tel point, dit-on, qu'il prétendit aux faveurs de Marie de Médicis. Sa flottante cervelle forgea l'audacieux projet de délivrer Marie, dans l'espoir que cet immense service lui vaudrait une charge au conseil et peut-être d'agréables nuits, quoique la reine-mère eût quarante-cinq ans. Au pis aller, il pêcherait quelque évêché dans l'aventure, c'est-à-dire un titre au cardinalat.

On entre ici en pleine fantaisie, — fantaisie d'autant plus amusante qu'elle est la vérité même.

Ruccelaï, enthousiaste comme un apôtre, mais vaniteux et bavard de sa nature, fit des confidences si imprudentes que la police eut vent de son projet. Luynes l'expulsa de Paris. L'abbé tint bon, s'entêta, ne voyagea que la nuit, sous les déguisements les plus improbables et pittoresques, se cachant le jour dans les forêts voisines de Blois. Jamais la pauvre Marie

Stuart n'avait eu un aussi courageux champion!
Quoique fort épié, l'abbé réussit à pénétrer dans le
château. L'exilée vit en lui l'envoyé du ciel et le
chargea officiellement de sa délivrance.

Au sortir de Blois, muni des pleins pouvoirs de la
reine, Ruccelaï recommença sa pénible existence de
conspirateur. Il y allait de sa tête, mais il ne recula
pas d'une semelle. Avec des précautions mille fois re-
nouvelées, il put regagner son abbaye de Ligny, près
Sedan, à la barbe de la maréchaussée. Il voisinait là
avec les deux hommes les plus capables de faire
réussir ce dangereux complot : le duc d'Épernon, qui
frémissait de son inaction à Metz, et le duc de
Bouillon, prince souverain de Sedan. Ruccelaï commença par ce dernier sa tournée de visites.

Bouillon s'excusa sur ses infirmités et son âge, qui
ne lui permettaient plus d'enfourcher le destrier des
aventures. « Mais, — poursuivit-il, — l'abbé, je puis
« désigner à la reine le seul homme capable de mener
« à bien l'entreprise : c'est mon voisin, le duc d'Éper-
« non. Il est plein d'une vigoureuse santé, quoique
« dans un âge assez avancé, prudent, courageux,
« riche, appuyé d'enfants capables de grandes choses.
« Il a, avec cela, de bonnes places dans le cœur et aux
« frontières du royaume, et, ce qu'on doit considérer
« par-dessus tout, blessé jusqu'au vif par les mauvais
« traitements de la cour, il ne rejettera pas sans
« doute les ouvertures d'une juste vengeance. »

Le père de celui qui devait être le grand Turenne
se connaissait en escapades et révoltes. Il avait vécu

auprès de la reine Margot et pris part au complot de
Biron, en 1602, d'où sa fuite en Allemagne, et à la
rébellion des seigneurs, en 1614. Ainsi que d'Épernon
et Villeroy, il survivait au tempétueux passé des
guerres de religion et de la Ligue. En six ans, ce remuant personnage encaissa près d'un million, comme
paiement de son repentir. Ruccelaï mit à profit son
conseil. Nestor avait parlé.

L'abbé, sachant combien était difficile l'abord d'un
seigneur tel que d'Épernon, envoya à Metz, pour tâter
le terrain, son ami Ludovici, ancien secrétaire du
maréchal d'Ancre.

Ludovici, grimé en marchand, se logea à *la Tête
Noire*, la meilleure hôtellerie de la ville, et fit prévenir
Duplessis-Baussonnière, premier gentilhomme du
duc, qu'il avait à rendre à son maître une lettre con-
fidentielle de la reine-mère. Duplessis, initié aux intrigues, aux méfiances du duc, et par conséquent très
prudent, s'abstint de répondre en personne à cet
appel, mais se fit remplacer par un serviteur du gouverneur, un madré Gascon répondant au surnom de
Cadillac.

Aux premiers mots de l'Italien, Cadillac jugea
l'affaire sérieuse. D'Épernon, informé, hésita. Recevoir l'envoyé de Marie de Médicis, c'était singuliè-
rement augmenter la suspicion dont Louis XIII et
Luynes enveloppaient le gouverneur de Metz. C'était,
à soixante-cinq ans, s'embarquer dans un complot,
qui lui vaudrait, en cas d'insuccès, de laisser sur la
place de Grève une tête respectée par Henri IV. Il

consulta le marquis de la Valette et l'archevêque de Toulouse. L'aspirant cardinal, fort de sa rancune contre le premier ministre, engagea vivement son père à recevoir l'envoyé, puis à mener les choses tambour battant et la rapière haute.

La cause de Marie était gagnée. D'Épernon allait piloter l'entreprise et réduire Ruccelaï à l'état de simple figurant.

Le lendemain de ce conseil de famille, en l'abbaye Saint-Vincent, dont l'archevêque Louis était titulaire, d'Épernon écouta Ludovici et reçut de lui une lettre autographe de l'exilée. Cette missive anéantit ses derniers scrupules. Mais, avant d'agir, il demanda quelles sommes et quels hommes étaient engagés dans le complot.

Un mois après, Marie l'informa qu'elle comptait sur lui, le cardinal de Guise, Montmorency, et même Bouillon. Le renard de Sedan s'était déclaré à la dernière heure, histoire de pêcher en cette eau trouble quelques milliers d'écus. Quant aux dépenses, les bijoux et pierreries de la reine les couvriraient amplement. Le duc donna alors sa parole de *marcher*, et remit au messager le chiffre qui permettrait à Marie de correspondre avec lui.

Ludovici, fier de sa mission, retourna auprès de Ruccelaï; mais l'abbé ne voulut point perdre le bénéfice de son dangereux travail. Il vint à Metz, vit Cadillac et Duplessis, leur montra le chiffre destiné à Blois, en leur déclarant qu'il était, lui, ami dévoué de la reine, le véritable, le seul organisateur, l'apôtre du projet de délivrance. D'où violente colère du duc d'Épernon, en apprenant que son secret était aux mains d'un homme aussi vain et léger que l'abbé de Ligny.

Il faut dire que le marquis de Rouillac, fils d'une sœur du duc, avait autrefois bâtonné l'abbé en pleine foire Saint-Germain, à la suite du pourchas de la même jupe, et que d'Épernon approuva formellement le geste discourtois de son neveu.

Aussitôt l'irascible duc mit en délibération avec ses fils la question de supprimer Ruccelaï par la prison ou l'assassinat. Mais l'Italien, alerté, riposta avec des arguments majeurs, affirma qu'il avait maintenant des témoins, des papiers en lieu sûr, de quoi faire décapiter le duc pour haute trahison. D'Épernon, subitement médusé, baissa le ton. Reçu et nourri en cachette chez le gouverneur, à la Haute-Pierre, Ruccelaï montra une lettre de Louis XIII, datée d'octobre 1618, par laquelle le roi permettait à sa mère de voyager pour sa santé, d'aller en pèlerinage où bon lui semblerait. Cette lettre justifierait, au besoin, la délivrance de Marie et tous ceux qui allaient y contribuer. L'incapable Luynes, oublieux de la grande maxime : *scripta manent*, estimait à rien l'existence de ce talisman. On pourrait admettre aussi que Louis XIII, « bon compagnon » à l'occasion, l'avait écrit en cachette, pour faire pièce à son ministre.

D'Épernon, Bouillon et le cardinal de Guise forment une alliance. On lèvera en Champagne douze mille fantassins, trois mille chevau-légers, de quoi tenir tête au roi et couvrir Metz, pendant que le duc marchera sur Blois, à la tête de ses gentilshommes et garnisaires. Il y a beau temps qu'il ne s'inquiète plus de ce que peut faire ou dire le lieutenant-gouverneur de la citadelle. Il ne connaît même pas l'officier qui a remplacé, en ce poste délicat, l'ancien envoyé d'Henri IV. Au reste, les choses furent habilement arrangées.

Lorsque la cour, émue du recrutement qui se faisait en Champagne, envoya Bassompierre à la découverte, celui-ci rencontra sur sa route, d'abord un lieutenant-colonel, « bon serviteur du roi » autant que dévoué à d'Épernon, puis quantité d'autres militaires qui empêchèrent à peu près sa mission d'aboutir. Dans le pays Messin, les levées se faisaient au nom du marquis de la Valette, et l'on payait bien.

La reine avait expédié, de Blois, deux cent mille écus. La moitié défraya le duc de Bouillon; l'autre servit à solder les recrues réunies autour de Metz. Sully, Richelieu et Colbert auraient mis un terme à toutes ces allées et venues; l'inepte Luynes, qui disposait des gouverneurs et prévôts de villes, de la poste, de la police et de la maréchaussée, dormait sur la foi des traités. Or, on sait ce que valait un traité imposé à la noblesse du temps.

Il restait à faire connaître au chef des conjurés l'endroit précis où il rencontrerait la reine après sa fuite. On arrêta que d'Épernon recevrait la fugitive à Loches, et la conduirait ensuite à Angoulême. chef-lieu d'un de ses gouvernements. C'était faire de d'Épernon le grand responsable aux yeux de la cour. Un jeune page, nommé de Lorme, et dont répondait Ruccelaï, fut chargé de porter la lettre informant l'exilée des détails d'exécution.

Cet enfant devina le complot, chevaucha droit sur Paris, dans l'espoir de remettre la missive au duc de Luynes, contre bonne récompense. Un ami de Ruccelaï, Dubuisson, conseiller au parlement, flaira la trahison, interrogea le page et réussit à lui racheter la précieuse lettre moyennant 5oo écus. Par ses soins, elle arriva donc à destination. De Luynes ne se douta point de ce qu'on tramait dans l'ombre.

Le lundi 22 janvier 1619, le duc d'Épernon partit de Metz en disant à ses intimes : « Je vais faire le coup le plus hardi que j'aie risqué de ma vie ! »

Mais un mois avant de monter à cheval, et dans le but de détourner les chiens, — c'est-à-dire Louis XIII et le premier ministre, — il avait dicté à son filleul Balzac une demande de congé pour se rendre en Angoumois. Luynes refusa le congé sous prétexte que la guerre d'Allemagne nécessitait la présence du duc en pays Messin. D'Épernon renouvela sa demande le 20 janvier, par la main du même secrétaire, ajoutant que, « sûr d'avance d'être exaucé, il prenait le parti de se mettre en route sans attendre la réponse ». Façon comme une autre de masquer sa rébellion en faisant fond sur l'indulgence du roi.

Au départ, Ruccelaï, vêtu en cavalier, accompagna d'Épernon. Les carabiniers du duc gardaient les portes de la ville, empêchant les gens de prendre la route de

Paris. Le duc emmenait avec lui cinquante gentils-hommes armés de pistolets et de carabines, quarante gardes, des officiers de bouche et quelques valets.

Quant aux deux fils de d'Épernon, le marquis de la Valette avait ordre de presser le recrutement des gens de guerre en gardant auprès de lui des artilleurs et deux ou trois bataillons destinés à couvrir et défendre Metz. L'archevêque de Toulouse, pouvant se déplacer sans la permission du roi, partirait peu après pour Loches, muni des instructions et de l'or paternels.

On passa sans incident la Marne, la Seine, la Loire; mais, pour ne pas rencontrer et combattre les cavaliers qui allaient rejoindre Bassompierre, il fallut laisser sur sa droite Orléans et trotter vers le Bourbonnais.

A Vichy, le 7 février, après avoir franchi l'Allier, le duc écrivit au roi que, sa présence étant nécessaire en Angoumois, il s'y rendait dans l'espoir que Sa Majesté approuvait son déplacement. Louis XIII dit tout haut : « Je savais bien que si l'on refusait au duc un congé, il était homme à le prendre! » Lui et son ministre, frappés de vertige, ne crurent pourtant qu'à un coup de tête.

Le 11 février, vingt jours après leur sortie de Metz, d'Épernon et Ruccelaï sont à Confolens, en Angou-mois. Le duc guette les nouvelles venues de Loches et de Blois, et donne des ordres. Toute l'affaire repose sur ses épaules...

Duplessis-Baussonnière et Cadillac, expédiés en poste à Loches, y préparèrent la réception de la reine et de d'Épernon. La Hillière, gouverneur de la ville et valet de d'Épernon, fit construire en hâte une porte par où Marie entrerait au château à l'insu des habitants. Après quoi Cadillac partit pour Blois. Quand la reine fut seule en son cabinet, l'audacieux Gascon lui remit, à genoux, une lettre de d'Épernon ; et l'on s'occupa tout de suite des moyens d'évasion.

Les relais préparés, les voitures prêtes, Cadillac quitta l'hôtellerie du *Petit Maure,* sur la rive gauche de la Loire, et s'en fut à Loches, où l'archevêque de Toulouse devait attendre la reine. En route, Cadillac rencontra le duc d'Épernon. Il n'avait pas voulu se laisser devancer par son fils. Le duc renvoya le Gascon à Blois informer Marie que l'archevêque irait à Montrichard au-devant d'elle... A minuit, au château, tout marchant à souhait, l'évasion aura lieu dans la nuit du 21 au 22 février 1619. Duplessis répond du succès.

Les terrasses du château reposaient alors sur un rocher. A moitié de la hauteur, entre le cabinet de la reine et le sol, se trouvait une plateforme. On avait dressé deux échelles, dont une attachée à la fenêtre du cabinet. Marie de Médicis et ses fidèles attendaient le signal. On frappe un coup léger, la fenêtre s'ouvre ; Cadillac entre, annonce que tout va bien et qu'il faut partir.

Grâce au dévouement de ses serviteurs, la reine put atteindre sans accident le sol, puis le faubourg. Là, les affidés qui l'attendaient, la voyant seule et sans lumière entre deux hommes, la prirent pour une Vénus

de carrefour. Elle entendit et dit en riant à Duplessis :
« *Ils me prennent pour une bonne dame...* »

Marie de Médicis avait égaré une cassette contenant pour cent mille écus de pierreries ; on la retrouva dans une ruelle, et on put monter en voiture sans autre incident.

La garnison de Blois dormait-elle ou faisait-elle semblant? c'est un des petits mystères de l'histoire. Si quelque officier zélé surprit l'aventure, il se tut, convaincu qu'on agissait sur un ordre venu de Paris. Dans les petits grades et ce qu'on nommait alors les *bas officiers* — les sous-officiers d'aujourd'hui — on déplorait les rigueurs exercées contre la veuve d'Henri le Grand ; on souhaitait une réconciliation du roi et de sa mère. Il est dans le caractère français de ne pas tourmenter les femmes.

A l'aurore, le convoi rencontra Ruccelaï. Il s'applaudit du succès et se crut déjà ministre! A Montrichard, Louis de la Valette fit à la reine les honneurs du vieux château de Foulques Nerra. La courtoisie raffinée du baladin mitré trahissait d'ambitieux espoirs. Le duc d'Épernon attendait Marie à Loches avec trois cents gentilshommes. Cette troupe devint bientôt une petite armée, grâce à laquelle l'ancienne régente traitera avec son fils d'égale à égal.

De Loches, elle écrivit au roi que, craignant pour sa vie, elle allait se retirer à Angoulême. Il était temps! Selon Richelieu, on devait enfermer Marie au château d'Amboise pour le reste de sa vie...

Luynes délivra le prince de Condé, lui donna l'armée qui devait combattre les troupes du duc d'Épernon. Il y eut papotages, puis accord, entre deux escarmouches. La cour pardonna à tous les conspirateurs mêlés à la fuite de Blois, y compris Tormagères et Borde, deux capitaines aux gardes, partis de Metz avec d'Épernon.

Marie de Médicis fit cadeau au duc d'un très beau diamant. Le Clerc — à tort malmené par Boileau, quand on étudie ses travaux historiques — affirme que d'Épernon dépensa deux cent mille écus pour délivrer la reine-mère.

Il semble que son dévouement soit resté pour compte à Ruccelaï. Il alla papillonner à Angoulême, comme tant d'autres, puis se contenta de son abbaye, en attendant des jours meilleurs. Mais je ne vois nulle part que Richelieu ait utilisé son zèle. Au reste, au cours de l'entreprise, il disparut derrière la vaste personnalité de d'Épernon, plume emportée par l'ouragan.

Le séjour à Angoulême marque dans la vie, désormais fort ballottée, de Marie de Médicis. — « Impé-« rieuse, — dit Saint-Simon, — jalouse, bornée à « l'excès, toujours gouvernée par la lie de la cour et « ce qu'elle avait amené d'Italie, elle a fait le mal-« heur d'Henri IV et de son fils, et le sien même, pou-« vant être la plus heureuse des femmes de l'Europe. »

A Blois, aux premiers jours de son exil, elle s'égayait des gauloiseries de Tabarin, le charlatan du Pont-Neuf, mandé auprès d'elle. A Angoulême, elle loge au quartier Saint-Paul, dans la propre maison de Guez de Balzac, dont le fils sert de secrétaire à Louis de la Valette. La reine est distraite de ses aventures par Boisrobert, les frères Claude et Guillaume Girard, l'un archidiacre d'Angoulême, l'autre secrétaire en titre du duc d'Épernon. Près de l'église Saint-Paul, traîne sa misère et sa honte la famille de ce Ravaillac qui a tué son mari. La reine s'en soucie peu. Elle est toute à ses intrigues.

Louis XIII donne le gouvernement de l'Anjou à Marie de Médicis ; mais la petite cour d'Angers devint si vite un foyer de conspiration que le fils dut prendre les armes contre sa mère. D'Épernon et les troupes rebelles furent vaincus aux Ponts-de-Cé, le 7 août 1620.

A ce moment apparaît dans l'histoire la robe grise du Père Joseph, bientôt inséparable de la robe rouge de Richelieu. Ce capucin — Leclerc du Tremblay en son nom — insinua l'idée de rappeler d'exil l'évêque de Luçon, par les amis qu'il comptait à la cour. Et le rêve du P. Joseph devint une réalité.

Son premier et court ministère avait révélé à Armand du Plessis, dans toute leur étendue, les maux dont souffrait la France. Son exil, plein d'étude et de pensées, lui donna la mesure de sa propre valeur. Rappelé, écouté par le roi et toujours cher à la reine-mère, il s'érigea en fin et souple diplomate. Il arrangea la paix signée à Brissac, le 13 août 1620. On respira plus à l'aise. Ce fut plutôt une trêve, mais elle permit à Marie de contrebalancer un instant la puissance de « Monsieur son fils ».

L'archevêque de Sens et le duc de Bellegarde, amis

du duc d'Épernon, avaient fortement insisté pour qu'il fît sa paix avec la cour.

V

En 1616, Agrippa d'Aubigné publiait « *les Tragicques*, donnez au public par le larcin de Promethée ». Les deux derniers Valois y étaient fort maltraités, ainsi que le duc d'Épernon, dans les formidables livres intitulés : *Princes, la Chambre dorée, les Feux*, partout enfin, surtout Henri III :

... Au jour des Rois, ce doubteux animal,
Sans cervelle en son front, parut tel en son bal :
De cordons emperlés sa chevelure pleine,
Soulz un bonnet sans bords faict à l'italienne,
Faisoit deux arcs voûtés ; son menton pinceté,
Son visage de blanc et de rouge empâté,
Son chef tout empoudré nous firent voir l'idée,
En la place d'un roy, d'une femme fardée...
Pour nouveau parement il porta tout le jour
Cet habit monstrueux pareil à son amour,
Si, qu'au premier abord, chacun estoit en peine
S'il voyoit un roy femme ou bien un homme reyne.

Le grand poète n'a garde d'oublier la nuit de Saint-Barthélemy, où le cadet « Caumont de la Valette » aurait pu « giboyer ».

La colère du duc d'Épernon contre l'auteur de ces

admirables, flamboyantes et virulentes satires fut
d'autant plus violente que le duc avait autrefois tenté
de prendre par surprise la Rochelle aux huguenots et,
vainement aussi, proposé au farouche calviniste de lui
acheter les charges qu'il possédait en Saintonge depuis Henri IV.

D'Aubigné affirme à plusieurs reprises, en ses *Mémoires*, que le duc, pour se venger des coups de fouet
et de trident à lui administrés dans *les Tragicques*,
tenta de le faire assassiner. Il mit en campagne des
coupe-jarrets chargés de poignarder l'illustre poète et
guerrier, soit en France, soit en Suisse. Le caractère
de d'Épernon ne dément en rien les dires de d'Aubigné. Ses rancunes étaient terribles. La rapidité des
événements, l'entrée en scène de Richelieu, l'aplatissement de la grande noblesse, enfin acculée à la soumission, empêchèrent seuls la réussite de ce criminel
projet.

La « drôlerie » des Ponts-de-Cé, en rétablissant
pour un temps les affaires de la reine-mère, releva
aussi celles de d'Épernon, que le coup aurait dû
abattre. L'intervention de Richelieu apaisa les esprits.
Le génie fait de ces miracles. Louis XIII racheta pour
cinquante mille écus le gouvernement de Boulogne,
que possédait encore d'Épernon; mais il fit de Bernard II, son second fils, un duc et pair de la Valette
et lui donna deux cent mille écus. Louis, archevêque
de Toulouse, fut créé cardinal par Paul V Borghèse
dans la grande promotion du 11 janvier 1621. Elle

ne comprenait pas moins de dix chapeaux : huit italiens, un français et un allemand.

L'élévation, le succès des enfants rejaillirent sur le père. Le château de Cadillac et l'hôtel d'Épernon allumèrent leurs lustres. Paris s'émerveilla des fêtes du vieux duc et pair. Le favori d'Henri III n'avait pas encore dit son dernier mot. Ceux qui l'entendaient s'écrier à haute voix : *Un homme de ma condition !* au moindre grain de poussière rencontré sous sa botte, se demandaient, non sans curiosité, si quelque charme n'était pas attaché à la personne de « Monseigneur » pour perpétuer son insolente fortune.

Pourtant, l'année d'avant, d'Épernon conservait encore de vagues inquiétudes sur sa conspiration de Metz et de Blois. Le 29 octobre 1620, à Blaye, devant le logis du roi, au moment où le poste prenait les armes, il demandait à Bassompierre si tous deux n'allaient pas être *coffrés*, — lui, comme rebelle, et Bassompierre pour ne pas l'avoir empêché de marcher sur Blois. Peu psychologue, il se trompait sur les véritables intentions de Louis XIII. Le roi, sincèrement, oubliait et pardonnait.

Volontiers, il admettait d'Épernon au Louvre et le traitait en familier. Ce prince, qu'on représente parfois d'une incurable tristesse, était de bonne race gauloise. La vanité des courtisans ne lui échappait pas, en particulier celle de d'Épernon. Volontiers aussi, il souriait, en vrai Parisien, de l'accent méridional du duc — accent plus riche que jamais de piment et de saveur, lorsque d'Épernon revenait d'un voyage en Angoumois ou en Guyenne.

Il y avait, parmi les amuseurs du palais, un nommé Marais, qui se livrait à des *imitations*, contrefaisant avec succès les manies, les façons de parler des courtisans. Un jour, le duc d'Épernon se trouvant chez le roi, Louis XIII fit venir Marais et lui dit à brûle-pourpoint : « Fais-moi comme fait M. d'Épernon quand il est malade ! » Et Marais de s'écrier : « Holà, aucuns, faites-moi benir Vlaise ! » (D'Épernon avait un bouffon gagé nommé Blaise.) — « Monseigneur, nous ne sau- « rions. — Comment ! à un homme de ma condition... « — Il est mort il y a deux mois. — Faites-le-moi « benir, nonobstant toutes choses ! »

L'imitation était parfaite, mais le duc riait jaune. Louis XIII étant sorti content, Marais s'excusa auprès de d'Épernon d'avoir obéi à l'ordre du roi. — « Non, non, répondit Jean-Louis, je ne vis jamais meilleur bouffon que vous. »

Le duc, malgré son impopularité, ne pouvait souffrir qu'on parlât mal de lui. Il payait et logeait en son hôtel les Simon, qui bâtonnaient et donnaient les étrivières à ceux qui se permettaient de médire de Monseigneur. Bautru, ancien conseiller au grand conseil, ayant blâmé la conduite du duc, fut fortement rossé par les Simon. — « Il porte la marque de son martyre, » dit Saint-Pavin, un jour qu'il aperçut Bautru se promenant avec un bâton à la main.

Amusements d'oisifs, galéjades parisiennes.

D'Épernon avait repris sa place dans les conseils du

roi. Louis XIII, peut-être à cause du catholicisme affiché par le duc, lui confia le commandement des troupes qui devaient opérer contre le duc de Rohan et les protestants dans le Midi. D'Épernon eut à sa disposition quatre mille fantassins et quatre cents chevaux. Le roi assista, en 1621, au siège de Saint-Jean-d'Angély, à la prise de Sainte-Foy, à celle de Bergerac. D'Épernon y montra les qualités d'un général. On avait donné à d'Albert de Luynes l'épée de connétable, qui revenait de droit au vaillant et dévoué Lesdiguières. Mais Luynes fit échouer, par son incapacité, le siège de Montauban.

En guise de revanche, le premier ministre alla assiéger Monheurt, une placette des bords de la Garonne. Il y mourut de la fièvre le 15 décembre 1621, si peu regretté que les valets, en menant le mort à son tombeau, jouaient au piquet sur son cercueil, pendant les haltes du chariot. Sa veuve, une Rohan, devint la fameuse duchesse de Chevreuse.

. D'Épernon réussit à pacifier le Béarn. En récompense, Louis XIII lui donna le gouvernement de la Guyenne, jusque-là réservé aux princes du sang. L'administration de cette vaste province l'obligea de renoncer à l'Angoumois, au Périgord et au Limousin. Mais il garda Metz et Loches. Toutefois, lorsque Richelieu arriva au pouvoir, le 29 avril 1624, il devina combien d'Épernon pouvait être encore dangereux ; et, pour contrebalancer l'influence du duc en Guyenne, il nomma l'évêque de Maillezais, son ami Sourdis, à l'archevêché de Bordeaux.

En 1622, d'Épernon accompagna le roi au siège de Royan, emmenant avec lui le duc de la Valette, colonel général de l'infanterie en survivance, en vue de l'initier à son métier. Le père et le fils portèrent correctement les armes ; mais le pays garda longtemps le souvenir de leurs fredaines amoureuses. A Montauban, d'Épernon en conta à Mme de Gironde, jolie femme, mal mariée. La Valette jeta son dévolu sur sa rivale en beauté, Mme d'Islemade. De là, force cancans et papotages qui amusèrent la ville et la noblesse des environs.

En novembre, d'Épernon et son fils rentraient à Paris, après un séjour à Cadillac, où le roi fut reçu avec pompe. Rohan, assiégé dans Montpellier, s'était soumis... pour trois ans.

A la suite de pourparlers restés obscurs, mais qui rapprochèrent les deux anciens complices, la marquise de Verneuil fiança sa fille Gabrielle-Angélique de Bourbon, dite Mlle de Verneuil, à Bernard II, duc et pair de la Valette. Ces fiançailles eurent l'approbation du roi et surtout de la reine Anne d'Autriche.

La bâtarde d'Henri IV, âgée de dix-neuf ans, jeune fille assez insignifiante, — une vraie tête de linotte, dit Tallemant des Réaux, — était jolie et bien dotée. Longtemps antipathique à Louis XIII, elle dut à l'amitié d'Anne d'Autriche de conserver sa situation mondaine.

On s'explique aisément l'hostilité du roi pour sa sœur naturelle, quand on en connaît la cause. Pendant le carême, le lundi 14 mars 1622, Anne d'Autriche, allant se mettre au lit, traversait la grande salle du Louvre, suivie de ses deux amies préférées : la connétable de Luynes (bientôt duchesse de Chevreuse et conspiratrice) et Mlle de Verneuil, l'une surintendante de sa maison, l'autre demoiselle d'honneur. La jeune reine était vive, pétulante comme une Espagnole, ses compagnes un peu étourdies ; et la soirée avait été fort gaie. Ces dames trouvèrent plaisant de courir l'une après l'autre, comme au temps de leur adolescence... Mais la reine, qui était enceinte, glissa sur le parquet ; et cette malheureuse chute aboutit à une fausse couche.

Le roi était à Orléans. On lui cacha l'accident. Il finit par connaître la vérité et fit savoir à sa femme que la connétable et Mlle de Verneuil cesseraient tout de suite leur service auprès d'elle, quitteraient le Louvre. Anne était bonne, fidèle à ses amitiés. Elle réussit à apaiser son époux et garda les deux écervelées. La reine fut certainement pour beaucoup dans le mariage de sa demoiselle d'honneur.

Bernard II était violent, emporté, entêté, « vicieux comme son père avec quelque chose de plus bas »[1]. A la suite d'une discussion, ou d'un accès de mauvaise humeur, il souffleta sa fiancée en pleine cour. Tout porte à croire que le roi, retenu au conseil, ignora cet incident pénible. Le mariage n'en fut pas moins célébré le 12 décembre 1622. La duchesse

---

1. LE DUC D'AUMALE, *Histoire des princes de Condé.*

de la Valette prit rang de première dame d'honneur.

Le duc d'Épernon repartit pour la Guyenne. Il y fit des levées en vue de la campagne du Languedoc. Il avait, sous Henri III, rempli les cadres de l'infanterie avec ses créatures, beaucoup de colonels et de capitaines ne séparant point leur fortune de la sienne. En Guyenne, il opéra de même dans toutes les administrations : gouvernements de places fortes, prévôtés et lieutenances, postes de finances et de police furent attribués à sa clientèle, au détriment de droits acquis. Le clergé n'échappait même pas à son emprise. On sentit si bien partout la main du nouveau gouverneur, qu'on l'appelait, sous cape, *le roi de Bordeaux*.

La nombreuse et piaffante suite de gentilshommes qui l'accompagnait, à la guerre et ailleurs, lui facilitait sa clandestine royauté par des bassesses qu'on n'eût crues possibles qu'à Byzance. Nous savons qu'il usait volontiers du patois gascon. *Mordiou! qué fa caut!* s'écria-t-il, un jour d'été, en s'essuyant le front. Et les courtisans de s'extasier sur le mot : « Monseigneur dit toujours *queuque* gentillesse. »

Le 23 août 1623, d'Épernon est à Lunel. Il assiste au grand dîner donné en l'honneur de Bassompierre, qui vient d'être fait maréchal de France. C'est une occasion pour lui de vider quelques bouteilles, de se prouver qu'il a toujours bon pied, bon œil.

Ce bon pied, ce bon œil, Richelieu en éprouvera trop longtemps l'effet... En avril 1624, Marie de Médicis — qui file sa toile dans la coulisse — réussit à faire de M. de Luçon un premier ministre. Aussitôt, la machine gouvernementale est mise en mouvement, de façon aussi habile qu'active. De 1625 à 1628, on est en guerre avec les protestants ; on échoue à Montauban, mais le 29 octobre 1628, après un siège plus que fameux, le roi occupe la Rochelle. L'année suivante, la paix d'Alais termine enfin la dernière guerre religieuse.

Richelieu écrase la conspiration de Chalais, à laquelle on prétend, sans preuves, que d'Épernon et le duc de la Valette prirent part. La tête de Chalais tombe. Gaston d'Orléans recommence avec Louis XIII le jeu de François d'Alençon envers Henri III.

C'était un misérable pantin, un bien piètre personnage, que ce fils de France. Mais Marie de Médicis voyait en lui le fils de l'amour ! Il avait des divertissements qui sentaient l'Italie et le Bas-Empire. Un jour, il alla péter dans la bouche d'un page endormi, qui, s'éveillant, lui jeta quelques mots : « Bourbon, je te... » et se rendormit. — « Que dit-il ? » demanda Gaston à un valet. — « Il dit, Monseigneur, qu'il c... dans la gueule de Votre Altesse royale. » Une autre fois, — jeu de prince annonçant ceux du marquis de Sade, — il se fit servir une omelette sur le ventre de Wallon, colonel du régiment de Languedoc, espèce de Falstaff qui entretenait son obésité par la bonne chère. Wallon s'étendit sur la table, au milieu des plats et des flacons ; on lui appliqua l'omelette toute brûlante. Le prince et les convives se la partagèrent en se récriant sur la finesse de ce mets...

En août 1626, Louis XIII, pour tirer son frère de

sa crapuleuse vie, le maria à Mlle de Montpensier, la plus riche héritière de France, petite-nièce du duc d'Épernon. Loin de s'amender, *Monsieur* se replongea dans les plus sales plaisirs. Avec tout cela, il était fanfaron, comme son père Concini, et lâche au point de trahir, chaque fois, les fougueux seigneurs qui plaçaient en lui leur confiance.

Le duc d'Épernon eut, certainement, des tractations secrètes avec Gaston d'Orléans et, par la suite, avec la pétulante duchesse de Chevreuse. Allaient-elles bien loin? On peut en douter puisqu'elles n'attirèrent point sur lui, pour le moment, l'œil flamboyant de Richelieu. On peut croire aussi que Roquelaure, lieutenant général en Guyenne, cachait de son mieux au cardinal les excès de pouvoir de d'Épernon.

Bernard de la Valette fait partie de l'armée qui va secourir Casal, se bat au Pas de Suze, puis en Picardie et en Guyenne contre les Espagnols. Ses féroces instincts ne cessent point de le dominer. En 1624, la duchesse lui avait donné une fille, Anne-Louise-Christine; en 1627, il est père d'un garçon, Louis-Charles-Gaston. La même année Mme de la Valette meurt empoisonnée; et il n'y a qu'un cri, à la cour, pour accuser le mari de ce crime!

On étouffa l'affaire sans que l'opinion publique renonçât à ses soupçons; et la duchesse alla dormir son dernier sommeil, accompagnée du deuil officiel dû à sa maison et à son rang. Cette fois, le pacte signé en

ARMAND DU PLESSIS, CARDINAL-DUC DE RICHELIEU.

(D'après une médaille de Varin.)

1608 entre d'Épernon et Henriette de Balzac fut définitivement rompu...

Les deux autres fils de Jean-Louis de Nogaret ne perdent point leur temps. Le 25 novembre 1625, Henri, duc de Candale, avait reçu le commandement des troupes vénitiennes, pour combattre Pappenheim et les Allemands. Ce qui n'empêchait point ce calviniste par amour de coucher avec la duchesse de Rohan. Il est probablement le père du garçon né à Paris en 1630, baptisé de nuit par le curé de Saint-Paul, élevé en Hollande, qui porta, malgré la protestation de Mlle de Rohan et un arrêt du Parlement, les nom et titre de Tancrède, duc de Rohan. Cet adultérin petit-fils du grand Sully fut tué en duel, en 1649.

La vie privée de Mme de Rohan nuisit fort à ce garçon. « Tout le monde, dit Tallemant, etoit persuadé qu'il etoit à M. de Candale... »

Le cardinal de la Valette amusait les habitués de l'hôtel Rambouillet par son humeur fantasque, ses chansons, ses ridicules, son physique déplorable. Grand ami de la marquise de Rambouillet, — l'incomparable Arthénice, — et de sa fille Julie, — future duchesse de Montausier, — le cardinal protégeait Voiture, qui lui écrivait de nombreuses lettres, en temps de paix comme en temps de guerre. Ses revenus abbatiaux et diocésains lui permettaient de pensionner le comédien Mondory et quelques beaux esprits. Son rôle de Mécène fait pardonner bien des choses à ce prélat pour rire. Reconnaissons aussi que, des trois fils du duc d'Épernon, Louis de la Valette fut le seul qui servit loyalement le roi.

Au vu et au su de tout Paris, Louis était l'amant de la princesse de Condé, la belle Montmorency chère au Béarnais. La princesse l'appelait son *époux,* son *petit mari;* et l'on a prétendu qu'ils s'unirent par un mariage secret. Les jolies femmes ont d'étonnants caprices! Le grand Condé et la duchesse de Longueville sont certainement les enfants d'Henri II, prince de Condé. Mais il se pourrait que leur frère, le prince de Conti, passablement laid et bossu, fût le produit de l'avorton La Valette.

Anne d'Autriche, belle, gracieuse, mais négligée par le chaste Louis XIII, s'était fort intéressée à Buckingham. Le cardinal de la Valette ne craignit pas de lutter contre le souvenir de ce brillant seigneur anglais : lui aussi se posa en amoureux de la reine. Voiture y fait allusion en des vers improvisés devant Anne d'Autriche, très en beauté, un jour qu'elle se promenait dans le jardin de Rueil :

> Je pensais si le cardinal,
> Je dis celui de la Valette,
> Pouvait voir l'éclat sans égal
> Dans lequel maintenant vous ête...

Le soleil levant, c'était Richelieu, qui utilisait volontiers le talent des gens d'église, les jugeant plus souples et obéissants que les seigneurs titrés. Louis de la Valette réussit à conquérir l'attention, puis l'amitié du premier ministre. En septembre 1625, il prend la parole dans l'assemblée des notables, à Fontainebleau, y soutient les idées du grand cardinal. Richelieu espère arriver à mater le duc d'Épernon au moyen de son plus jeune fils.

Louis avait suivi Richelieu au siège de la Rochelle, où son frère Bernard commandait une partie de l'infanterie. De là à se découvrir une vocation militaire, il n'y avait qu'un pas. Il fut vite franchi. Louis démissionne de son archevêché de Toulouse, où le remplace son coadjuteur, l'abbé Charles de Montchals. Richelieu le nomme maréchal de camp, gouverneur de l'Anjou, et, plus tard, il aura le pays Messin. La survivance de ce dernier gouvernement avait été donnée à Bernard. Son père n'ayant plus reparu à Metz, la province était administrée par Flavigny, lieutenant du roi.

Louis se bat devant Casal, en compagnie de Bernard. Le régiment de la Valette-infanterie commence à faire parler de lui. Casal secouru, l'amitié de Richelieu et du cardinal de la Valette se resserre à tel point que le duc d'Épernon, perdant l'espoir de se servir de Louis, ne l'appelle plus que *le cardinal bas valet*.

La rupture du père et du fils est complète. Peu importe au cardinal passé commandant d'armée : il a la faveur du roi, celle plus précieuse encore du premier ministre ; les dames raffolent, ou font semblant, de ce bout d'homme, qui devait vraiment être comique en cuirasse, en uniforme d'officier général et l'écharpe blanche en sautoir.

En 1630, Marie de Médicis a rompu depuis longtemps avec son ancien aumônier. Elle supplie Louis XIII de renvoyer Richelieu. Elle espérait que le ministre manierait les affaires de l'État à son gré de reine-mère; mais Armand-Jean ne s'inspirait que de l'intérêt public.

L'assaut donné par Marie commença en octobre et fut rude. Déjà, l'on chantait victoire au palais du Luxembourg, résidence de la mère du roi. Richelieu préparait son départ, faisait ses malles, lorsque le cardinal de la Valette lui conseilla de rester, de ne pas se désespérer. La Valette courut à Versailles, auprès du roi. Était-il porteur du fameux *secret d'État* concernant l'assassinat d'Henri IV, et que lui aurait confié le ministre? La question demeure insoluble. Mais Louis XIII fit bon accueil à La Valette et le chargea d'annoncer à Richelieu qu'il avait toujours la confiance et l'approbation de son maître. L'histoire de France a consacré cette échauffourée de cour sous le nom de *Journée des dupes.*

Après avoir triomphé de Marie de Médicis, Richelieu avait accompagné Louis XIII à Saint-Germain. D'Épernon alla leur faire sa cour, surtout pour juger de leur réconciliation. Elle était complète. Le cardinal se dit un peu souffrant, — maladie diplomatique, — et pria le maréchal Bassompierre de recevoir, en son nom, le duc d'Épernon, de lui donner à dîner. Le ministre tenait à conserver un semblant de courtoisie pour cet adversaire, jugé et condamné par lui, en secret, depuis longtemps.

Marie de Médicis recommence sa vie errante. Malgré la défense du roi, elle prend la route des Pays-Bas, où Gaston va la rejoindre; et tous deux, se posant en persécutés, implorent l'appui de l'Espagne. Le duc de Guise — à qui ses incartades ont fait perdre le gouvernement de Provence — et le duc de Bouillon leur sont acquis. Il en est de même du Lorrain. Ils comptent aussi sur d'Épernon et son fils aîné Henri, duc de Candale, lequel, après avoir été prisonnier des Allemands, vient d'être mis en liberté, sa rançon payée.

La mère et le fils se proposent de réunir quinze mille fantassins et deux mille cinq cents cavaliers contre l'armée royale. Des troupes espagnoles appuieront leur révolte. En outre du concours de Charles IV, duc de Lorraine, l'odieux Gaston se flatte d'avoir pour lui l'aventurier Wallenstein, duc de Friedland.

Richelieu entra vite en campagne. Le maréchal de la Force s'empara de Sedan, domaine du duc de Bouillon, ce qui entraîna l'occupation de la Lorraine et la soumission de Charles IV. Ce résultat obtenu, on s'attacha à découvrir les conjurés de l'intérieur, tous ceux qui avaient promis d'appuyer la reine-mère et le duc d'Orléans... D'Épernon, aussitôt alerté par ses amis, apprit que l'exil de Marie de Médicis était décidé en principe.

Le dimanche 23 février 1631, il était à Paris en son hôtel. Après avoir reçu ses espions et messagers, il alla passer la soirée chez Mme de Choisy et fit dire à Bassompierre de venir l'y trouver... Dès que le maréchal parut, le duc pria quelqu'un de tenir ses cartes. Il entraîna son ami dans un salon voisin — il semble que d'Épernon ait été chez Mme de Choisy comme chez lui (faut-il l'ajouter à ses conquêtes?) — et lui défila un chapelet de nouvelles, d'autant plus importantes que les deux confidents étaient réputés amis de la reine Marie et, à ce titre, hostiles à Richelieu.

Bassompierre se doutait bien que la cour était en colère : en allant à la place Royale, il avait rencontré le chariot qui portait à la Bastille le lit de l'abbé de Foix, parent de d'Épernon, emprisonné le matin même. D'Épernon, au reste, était sans inquiétude pour le duc de la Valette, à qui il avait donné l'ordre de fermer les portes de Metz et de se tenir tranquille.

Il annonça au maréchal que la reine-mère venait d'être arrêtée à Compiègne, ainsi que Vautier, son médecin, et la princesse de Conti exilée à Eu. Le roi et le cardinal, fatigués de toutes ces révoltes, étaient d'accord pour en opérer l'énergique répression. Finalement, dans un conseil secret, ils avaient décidé de mettre à l'ombre le maréchal de Créqui et le duc d'Épernon. Quant à l'arrestation de Bassompierre, elle aurait lieu le mardi suivant.

Bassompierre avait eu un mot, ironique ou non, sur le siège de la Rochelle. Mais, quoique loyal sujet du roi, bon soldat, bon ambassadeur, on le savait champion de la reine errante et fort attaché à la princesse de Conti, intrigante aussi active que la duchesse de Chevreuse, surintendante d'Anne d'Autriche.

Le maréchal demanda à son ami, si bien informé,

ce qu'il lui conseillait de faire et ce qu'il allait faire lui-même pour se mettre à l'abri de la tempête.

La réponse du duc d'Épernon témoigne d'une singulière lassitude chez ce patriarche du complot, de l'intrigue, de la trahison. Il est vrai que l'âge pesait sur lui, nonobstant son tempérament de fer. Il venait de renoncer aux femmes, après avoir semé des enfants à droite et à gauche et usé, à Cadillac et à Bordeaux, des maîtresses dont le duc de la Valette ne voulait plus.

« Si je n'avais que cinquante ans, — dit le Géronte de la féodalité à Bassompierre, — je ne serais pas à une heure de Paris et me mettrais en lieu de sûreté, d'où après je pourrais faire la paix; mais étant proche de quatre-vingts ans [1], je me sens bien encore assez fort pour faire une traite, en craignant toutefois de demeurer en route le lendemain. C'est pourquoi, puisque j'ai été si mal habile de venir encore faire le courtisan à mon âge, il est temps de finir et de mettre tout en œuvre pour me rétablir tant bien que mal. Mais, pour vous, qui êtes encore jeune, je vous conseille de vous éloigner et de conserver votre liberté. Je vous offre cinquante mille écus pour passer deux mauvaises années; vous me les rendrez quand il en viendra de bonnes... »

Bassompierre rendit grâces au duc de son conseil et de son offre, mais n'accepta ni l'un ni l'autre, « étant, disait-il, innocent de tout crime ». Il se proposait même

---

1. Il avait soixante-dix-sept ans.

d'aller trouver le roi à Senlis pour se justifier si on l'accusait. D'Épernon, « les larmes aux yeux », l'embrassa et lui dit : « Bien que j'appréhende la résolution que vous avez prise, je l'approuve néanmoins et vous conseille de la suivre, ayant ouï et pesé vos raisons... » — Et là-dessus les deux amis se séparèrent pour ne plus se revoir...

Louis XIII ferma les yeux sur le passé de d'Épernon, — naguère beau-père d'une de ses sœurs naturelles. Mais le cardinal Richelieu tint bon en ce qui concernait François de Bassompierre. Le joyeux boute-en-train du jeu d'Henri IV, la coqueluche des ruelles, le buveur de l'hôtel d'Épernon, le héros du Pas de Suze, fut logé à la Bastille. On sait qu'il n'en sortit qu'au bout de douze ans, après la mort du cardinal-duc. Marie de Médicis partit pour l'exil, en punition de ses déplorables gestes. Wallenstein ne remua ni un homme ni un canon. Gaston s'effondra en pleurnichant... jusqu'à l'année suivante.

Henri II de Montmorency, — cousin par alliance du duc d'Épernon, — maréchal, chevalier des ordres, gouverneur du Languedoc, le plus aimable et sympathique des hommes, avait épousé Félicie des Ursins, parente de la reine-mère : ce fut elle qui le poussa à se révolter. Cherchez la femme ! On lui promit l'épée de connétable ; il souleva sa province en faveur de Monsieur. Fatale imprudence ! Sa rébellion date de février 1632. Le cynique Gaston alla le rejoindre avec une troupe d'aventuriers flamands, allemands et italiens. Louis XIII et le cardinal envoyèrent contre eux

La Force et Schomberg. La rencontre eut lieu, le
1er septembre, devant Castelnaudary. Le comte de
Moret — fils naturel d'Henri IV et de Jacqueline de
Bueil, l'*Aurore* du Béarnais — y fut tué. Montmorency,
dix fois blessé, tomba de cheval, vaincu et prisonnier. Monsieur jeta ses armes en disant « qu'il ne s'y
jouait plus », et s'enfuit à Béziers, d'où il fit l'insolent, puis implora son pardon.

Montmorency, traduit devant le parlement de Toulouse, fut condamné pour crime de lèse-majesté et de
trahison envers l'État.

C'était un charmeur, un personnage de l'*Astrée*,
aimé, adoré des femmes, de toute la cour ; et bien
souvent Henri IV fit sauter sur ses genoux ce fils de
son cousin et compère. Louis XIII s'était rendu à
Toulouse pour marquer son désir d'un châtiment. Il
vit défiler devant lui le prince et la princesse de Condé,
le cardinal de la Valette, le duc d'Épernon, qui demandèrent *à genoux* la grâce du coupable. Le gouverneur de Guyenne insista tout particulièrement, et ceci
est à son honneur.

Il représenta au roi — dans son humble posture,
et pendant un entretien qui dura plus d'une demi-
heure — qu'ayant lui-même reçu une semblable faveur
de sa bonté, il s'estimait assez heureux pour oser se
promettre que Sa Majesté ne s'était pas repentie de la
lui avoir accordée ; qu'il n'était pas le seul, entre ses
serviteurs, qui lui fût redevable de ce même bienfait, et
que le cardinal de Richelieu y avait eu autant de part

que lui : tous deux ils avaient été dans les intérêts de la reine-mère...

L'argument était humain, mais imprudent, étant donné la sourde lutte engagée entre le suppliant et le premier ministre. Richelieu, qui n'oubliait rien, fera un grief à d'Épernon d'avoir rappelé à Louis XIII les années où l'évêque de Luçon était la main droite de Marie.

N'importe! cette grâce demandée par un homme aussi compromis que d'Épernon présente un bel acte de courage : ce fut comme si le duc livrait une bataille; il la perdit, mais l'histoire lui en sait gré autant que d'une victoire. N'est pas canaille jusqu'au bout qui veut.

Le suppliant fit ensuite valoir que la jeunesse du duc de Montmorency ne devait pas moins le faire excuser que les bonnes intentions de MM. d'Épernon et de Richelieu; que dans sa personne seule restait ce grand nom de MONTMORENCY. Il termina en disant que s'il était assez heureux pour obtenir une seconde vie à son ami, « il se rendroit caution qu'elle ne seroit employée désormais que pour le service de Sa Majesté; « et que son sang ne serviroit qu'à laver les taches de « son crime, pour en effacer la mémoire ».

Tant que parla d'Épernon, Louis XIII l'écouta sans l'interrompre et sans cesser de fixer sur lui un regard glacial. Le roi se demandait peut-être si le suppliant ne méritait point d'être un condamné... Il ne répondit pas un mot à ce chaud plaidoyer. Sous ses fenêtres, le peuple criait : *Miséricorde! grâce!* Il déclara fièrement « que s'il suivait les inclinations du peuple il n'agirait pas en roi ». Dès qu'on lut son arrêt à Montmorency, Louis XIII se fit renvoyer par lui l'ordre du Saint-Esprit et le bâton de maréchal.

Le 30 octobre 1632, la tête de Montmorency tomba dans la cour du Capitole de Toulouse. Il n'avait que trente-sept ans, était duc et pair, petit-fils de quatre connétables et de six maréchaux de France. Avec lui s'éteignit une maison féconde en héros et beaucoup plus désintéressée que les maisons de Condé et d'Orléans.

VI

Richelieu triomphait. Il avait à cœur de joindre à ses fonctions et dignités celle de gouverneur de Metz. Cette ville, l'une des clés de la France, ne pouvait demeurer plus longtemps sous l'autorité de l'homme qui, à propos de son cousin Montmorency, rappelait au roi un passé à jamais disparu. Le cardinal demanda donc à d'Épernon de lui vendre ce gouvernement. Le duc de la Valette en possédait la survivance, mais, comme échange, le cardinal lui en assurerait une autre plus importante : celle de Guyenne. D'Épernon refusa, s'entêta et rentra, sans plus rien entendre, en son château de Cadillac.

Anne d'Autriche désira visiter la somptueuse habi-

tation dont parlait toute la cour. Le duc, informé, se
hâta de préparer cette réception. Richelieu accompagna la reine à Bordeaux ; mais, en arrivant dans
cette ville, il dut s'aliter à la suite des émotions dont
l'accablait cette année 1632.

De Bordeaux, Anne, ses dames et sa maison prirent
le chemin de Cadillac. La Garonne passée, on trouva
sur l'autre rive les carrosses que le duc d'Épernon
avait mis à la disposition de la reine. Un autre carrosse
devait attendre Richelieu, au cas où le cardinal, mieux
portant, exprimerait le désir de visiter le château.

Richelieu n'y manqua pas. Il connaissait l'esprit de
ruse du gouverneur de la Guyenne ; il le jugeait capable, par ses hardis propos, d'entretenir, d'augmenter
dans le cœur d'Anne d'Autriche l'hostilité, la haine,
vouées par elle au cardinal. Des contemporains
affirment que Richelieu, amoureux sans espoir de la
reine, était jaloux d'elle commme un amant peut l'être
de sa maîtresse[1].

Louis XIII était parti pour Versailles. Le duc
d'Épernon fit à Anne d'Autriche les honneurs de sa
splendide résidence, l'installa en de luxeux apparte-
ments ; et, pour mieux marquer son respect, il fit
quitter aux gardes attachés à sa personne, comme
gouverneur, leurs casaques et leurs mousquets... A la
même heure, le cardinal passait le fleuve, accompagné

1. Il n'est pas impossible qu'en présence de la froideur de
Louis XIII pour sa femme, Richelieu ait proposé à la reine de
lui faire un enfant, *dans l'intérêt de l'État*. Il fallait un héritier
au roi.

d'un secrétaire. Mais, en sortant de son bateau, il ne trouva point de carrosse. Les dames et seigneurs de la suite royale, assez nombreux, avaient usé de tous, y compris celui réservé pour le cardinal, selon les instructions du duc.

Richelieu sentait encore sur son cœur le refus du gouvernement de Metz. Il fronça le sourcil, ne dit rien, et fit à pied le chemin menant au château. La scène est digne de Shakespeare. Le cardinal-duc, le plus grand personnage de l'État après le roi, se crut traité sciemment comme le premier venu. Malade, soucieux, l'esprit gonflé d'inquiétudes autant que d'espoirs, il s'appuyait sur sa canne, marchant péniblement et jetant, de temps à autre, un regard soupçonneux sur les hautes tours de l'ennemi, qui se dressaient à l'horizon.

Le duc d'Épernon vint enfin, en carrosse, à sa rencontre, lui présenta ses « mille excuses », l'assura qu'on avait méconnu ses ordres. Richelieu feignit de se contenter de cette explication, mais n'accepta point de monter dans la voiture du gouverneur. Il continua donc à pied son chemin, quoique fort souffrant d'une rétention d'urine.

Le château et le bourg de Cadillac étaient en fête. Le cardinal remercia le duc, salua la reine, visita le princier logis — dont il remarqua les puissantes assise et position — et dut s'applaudir d'avoir ordonné, dès 1626, la démolition des forteresses féodales inutiles à la défense des frontières. Il resta peu de temps à Cadillac, s'en alla, sans incident, après avoir pris congé d'Anne d'Autriche et de d'Épernon.

La reine passa deux jours à Cadillac et revint à Bordeaux, enchantée de sa visite.

A peine arrivé, le cardinal avait dû se remettre au lit. Il fut même en danger de mort. Sur quoi, le gouverneur alla le voir avec ses gardes et une suite de deux cents gentilshommes. En priant le duc de ne pas entrer dans sa chambre, Richelieu s'épargna peut-être une minute d'angoisse... D'Épernon n'était-il point capable de poignarder un moribond ?

Il y eut force bals à Bordeaux, en l'honneur de la reine, probablement sur des ordres et aux frais de l'opulent gouverneur. Le garde des sceaux, Châteauneuf, dansa à l'un de ces bals pendant que le cardinal était à toute extrémité.

Une fois rétabli et rentré à Paris, Richelieu ôta les sceaux à Châteauneuf et le fit enfermer au château d'Angoulême, où il resta dix ans. Le grand ministre avait ses faiblesses. La vengeance n'a jamais déplu aux dieux. Quant à la disgrâce de d'Épernon, le cardinal la préparait en silence, l'arrosait en pensée comme la plus précieuse fleur de son parterre, — une fleur dont l'incident du carrosse hâterait l'éclosion...

Le duc redoublait de hauteur, se gonflait mieux que jamais, dans son gouvernement. La frêle santé du cardinal encourageait sa jactance. On connaît son mot au sujet du bâton donné à d'Effiat, père de Cinq-Mars : « Vous voilà donc maréchal ! De mon temps on en faisait peu, mais on les faisait bons. » A Bor-

CHATEAU DE CADILLAC.
(Ancien château du duc d'Épernon. État actuel.)

deaux, même en public, il critiquait les actes du ministère, s'étonnant des nouveaux agents du pouvoir, généraux, prélats, ambassadeurs. Tout cela figurait aussitôt au côté *Doit,* dans la comptabilité que Richelieu portait en son vaste cerveau. A l'heure voulue par le destin, il faudra payer !

L'entrevue du cardinal de la Valette et du duc d'Épernon à Toulouse, au moment du procès Montmorency, n'aboutit point à réconcilier le fils et le père. Richelieu s'en applaudit fort. Le 14 mai 1633, il fit nommer Louis de la Valette chevalier du Saint-Esprit. Tout est voulu, mûrement pesé, dans les actes de l'illustre homme d'État. En donnant l'ordre au plus jeune fils de d'Épernon, à cette date historique du 14 mai, — vingt-troisième anniversaire de l'assassinat d'Henri IV, — Richelieu rappelle au vieux duc et pair sa complicité dans ce crime et marque combien le fils est différent du père.

Le gouverneur de Guyenne a-t-il senti cette piqûre ? C'est possible ; il n'en commit pas moins, à ce moment, un acte de brutalité qui allégea définitivement Richelieu de tout ménagement à son égard.

Henri d'Escoubleau de Sourdis, archevêque de Bordeaux, comptait depuis dix ans parmi les intimes du ministre. Richelieu l'avait nommé chef d'escadre et voyait en lui, avec raison, un de ses meilleurs serviteurs. Entre deux combats sur mer, Sourdis redevenait prélat, surveillait de près d'Épernon, et ne manquait pas d'informer le cardinal des gestes et projets du duc.

La province pliait sous d'écrasantes charges. Les

agents du fisc, presque tous créatures de d'Épernon, n'étaient pas irréprochables; en leurs cabinets, le péculat prenait son vol. Vers 1628, grâce à la protection du duc, un tripoteur d'affaires, escroc notoire, Pierre du Puget, sieur de Montauron, — le même à qui le grand Corneille, ô pauvreté des poètes! dédiera un jour *Cinna!* — put acquérir l'office de receveur général des finances de la Guyenne. Ce Montauron, surnommé « Son Éminence gasconne », menait grand train et grande vie à Bordeaux.

Il est probable qu'un excessif impôt atteignit aussi les particuliers attachés au service du clergé diocésain. D'où protestation de l'archevêque, ce qui mit le gouverneur hors de ses gonds. Certain jour, Sourdis et d'Épernon s'étant rencontrés à Bordeaux dans une cérémonie officielle, le gouverneur reprocha vertement au prélat de contrecarrer ses droits d'officier de la couronne. Sourdis répondit avec mesure et dignité, mais le colérique duc haussa le ton... L'entretien, fort orageux, prit fin par des coups de canne donnés à l'archevêque et cardinal, — acte d'autant plus grave que l'incident eut lieu devant le peuple et les autorités.

A peine Sourdis eut-il informé Richelieu de cet outrage, que le premier ministre décida d'en obtenir une éclatante réparation. Ce fut comme le prélude du coup de grâce...

Le 20 mars 1634, en cette église de Coutras dont le clocher vit une des plus belles victoires d'Henri de Navarre, l'archevêque de Bordeaux, en grand costume sacerdotal, mitre en tête, debout près du maître-autel et sa crosse portée devant lui, attendait un cortège pour lequel on ouvrit à deux battants les portes de l'église. Autour du prélat s'étaient rangés en ordre le clergé paroissial, les grands vicaires, des conseillers au parlement, des seigneurs qualifiés, des gens du roi.

On vit d'abord entrer un vieillard de quatre-vingts ans, à barbe et rares cheveux blancs, sans épée, richement vêtu, marchant la tête basse, accompagné d'un seigneur aussi luxueusement vêtu, mais non moins contrit que le précédent. C'étaient le duc d'Épernon et le duc de la Valette. Leurs gentilshommes et serviteurs marchaient derrière eux, d'un air triste et résigné.

Les enfants de chœur, placés dans les bas-côtés, entonnèrent un chant qui marquait le triomphe de l'Église contre ses ennemis, et qui prit fin lorsque l'homme à la tête chauve fut à trois pas de l'archevêque. Un archidiacre prononça les mots sacramentels : *Gloria in excelsis Deo!* et fit un signe. Le vieillard surdoré, le cordon bleu battant sa poitrine, se mit à genoux sur un carreau de velours, prit la main du prélat, le salua fort humblement et lui demanda pardon en termes plus que respectueux. Paroles de vaincu !

L'archevêque lui serra la main et, pendant qu'un coup de crosse frappait la dalle, donna sa bénédiction. Derrière le duc, Bernard de la Valette courba trois fois la tête, puis aida son père à se relever. Et ce fut pénible à voir.

La scène ne manquait point d'une certaine grandeur. Là encore, on évoque les drames de Shakespeare, à moins qu'on ne songe au baptême de Clovis. —

« Courbe la tête, fier Sicambre ! pouvait dire d'Escoubleau de Sourdis. Humilie-toi ! Père d'un cardinal-archevêque, tu n'as pas craint de frapper un prêtre revêtu de ces deux dignités, humilie-toi ! et que l'heure de ton repentir marque à jamais ton renoncement à tout criminel projet, à toute factieuse entreprise ! »

Richelieu fut aussi ardent, l'année suivante, à venger Sourdis, qui subit un pareil outrage du maréchal de Vitry, gouverneur de Provence, alors que, comme amiral, le prélat proposait, en conseil de guerre, une expédition contre les îles Sainte-Marguerite et de Lérins. Vitry, révoqué de son gouvernement, fit connaissance avec la Bastille.

L'humiliation publique imposée à d'Épernon par la politique toute-puissante de Richelieu retranchait en quelque sorte le duc du nombre des vivants. L'étonnant, c'est que le sanglier se débattît encore ! Il écrasa même une révolte des Bordelais, sous une pluie de coups de feu.

Le père dompté, jugulé, Richelieu s'occupa de ses fils, mais pour les associer à sa politique et s'en faire des amis. Le 19 novembre 1634, le cardinal avait reçu et régalé, en sa maison de campagne de Rueil, le turbulent et lâche frère du roi. Le 27, Louis XIII pardonnait à Monsieur ses trois révoltes. le rétablissait dans son duché d'Orléans et ses autres honneurs. En même temps, on célébra le mariage de Bernard II de Nogaret, duc et pair de la Valette, avec Marie du Cambout. Sa cadette épousa Puilaurens, et le comte de Guiche

M^ll^e de Pont-Chivray. Ces trois noces se firent à l'Arsenal, avec une magnificence extraordinaire. Les nouvelles mariées étaient toutes les trois cousines du premier ministre.

L'année suivante, agrandissant et complétant sa création des intendants de justice, police et finances, le cardinal porte un coup terrible à l'autorité des gouverneurs. A la mort de Richelieu, il restait seulement, dans les provinces, quatre des dix-neuf gouverneurs qui se partageaient la France en 1624.

L'écroulement de d'Épernon continuait. Richelieu le ralentit d'autant moins que la duchesse de Chevreuse, qui aurait dû être emprisonnée au château de Loches, s'enfuit en Espagne, habillée en homme, et sans doute avec la complicité de d'Épernon.

Pendant ce temps, « le cardinal bas valet » triomphait. Tout en protégeant hommes de lettres et gens de théâtre, se pâmant aux épîtres de Voiture, et ne perdant point de vue les Aminte et les Polixène de l'hôtel Rambouillet, Louis de la Valette, promu lieutenant général, recevait en 1635 le commandement de l'armée d'Allemagne. Le comte de Guiche et Pisani étaient sous ses ordres. L'an d'après, il guerroyait avec Weimar contre l'incurable duc de Lorraine. Au diable la robe rouge, en campagne, et vive l'uniforme couleur feuille morte et brodé d'or! Cet uniforme, Richelieu lui-même ne l'a-t-il point porté, au siège de la Rochelle?

La Valette, diplomate et soldat, réussit à retirer son aîné Henri, duc de Candale, de l'impasse calviniste.

Candale, mestre de camp du régiment de la Valette-cavalerie, obtint de servir dans l'armée de son frère. Durant cette campagne de 1636, le cardinal de la Valette commandait à l'illustre vicomte de Turenne, alors maréchal de camp. En 1637, les deux frères sont devant Maubeuge, assiègent Landrecies, Cateau-Cambrésis, et combattent, sur la haute Sambre, contre le cardinal infant d'Espagne ; mais tous deux manquent de génie.

Le duc de Candale passé à Richelieu, c'est un nouvel accès de colère pour d'Épernon ! Il renie Henri et Louis, qui le lui ont bien rendu, semble-t-il, surtout le premier.

En 1638, ils servent encore ensemble. L'avorton, le bouffon, l'ami d'Arthénice et de sa fille, — à qui l'amoureux Montausier réserve cette surprise : *la Guirlande de Julie*, — le « petit mari » de la princesse de Condé, est général en chef de l'armée d'Italie, avec dix mille hommes de pied et trois mille chevaux. Les gens du métier, les vieux enfants de Mars et de Bellone, contestent les talents militaires du cardinal. On doit croire, tout de même, que Richelieu le tenait en haute estime puisqu'il finit par lui confier jusqu'à quarante mille hommes. Il fait aussi de lui un plénipotentiaire, afin que cette qualité lui permette de signer accord, armistice ou traité avec la duchesse de Savoie.

L'année 1639 est toute de deuil pour d'Épernon, qui erre, on peut le dire, de Cadillac à Bordeaux, avec petits séjours à Loches, où M. de Baraudin — ancêtre maternel d'Alfred de Vigny — est maintenant lieutenant du roi.

Le 11 février, le duc de Candale meurt de maladie devant Casal. Quelques semaines après, Louis est alité. Le bruit court même, à Paris, qu'il vient de rendre son épée à Dieu. Sur quoi, Voiture quitte la rue Saint-Thomas-du-Louvre et prend la poste. Il voit le malade, le trouve mieux et repart... Le 28 septembre, au château de Rivoli, près Turin, le cardinal de la Valette succombe aux suite d'une forte fièvre, sans avoir pu remporter un succès décisif ni remplir sa mission diplomatique.

Son corps fut transporté à Cadillac. On célébra un service dans la métropole de Toulouse; mais le pape Urbain VIII, qui avait toujours détesté ce prêtre sans prêtrise, ce prélat de salon improvisé général, interdit au clergé de Rome tout service religieux en son honneur. A l'hôtel de Rambouillet, les dames essuyèrent quelques pleurs, puis on l'oublia.

Trois ans auparavant, le duc d'Épernon reprenait les armes, dans l'espoir de remonter une pente fatale, d'attendrir Louis XIII et Richelieu, de faire la paix avec eux. Les Espagnols menaçaient Bayonne. D'Épernon leva des troupes en Guyenne, bien armées, bien équipées, organisées en un mot avec une science d'homme de guerre. Son grand âge le trahit. Parvenu à Bayonne, au mois d'octobre 1636, il tomba malade. Il quitta définitivement l'armée. Le duc de la Valette, maintenant colonel général titulaire, accourut en poste et remplaça son père. Il tint la campagne pendant quelques mois, réussit à secourir et fortifier Bayonne, mais lui et d'Épernon déconseillèrent à Richelieu de faire attaquer Fontarabie.

Richelieu allait avoir sur les bras un complot de Gaston et du comte de Soissons, de la branche Condé. (Ce complot prit fin en juillet 1641, à la Marfée, où fut tué Soissons.) Le cardinal, persistant dans son projet d'attaquer, plaça le duc de la Valette sous les. ordres du prince de Condé. Une fausse manœuvre militaire, un refus d'obéissance de la Valette firent échouer le siège de Fontarabie. Ce fut un vrai désastre.

Bernard s'enfuit aussitôt en Angleterre. Par une lettre datée du 17 janvier 1639, le cardinal de la Valette avait déclaré son frère digne d'un châtiment. En Angleterre, Bernard prêta de l'argent au roi Charles Ier, beau-frère de Louis XIII. Cet argent, affirme-t-il, ne lui fut jamais rendu. Le 24 mai, une commission extraordinaire le condamna à mort par contumace, le priva de ses biens, honneurs et dignités. Le procureur général Mathieu Molé refusa d'enregistrer l'arrêt, « les juges ayant siégé hors du palais de justice ». Le président Bellièvre avait opiné seulement à un exil de neuf ans et cent mille livres d'amende, par égard pour un pair de France. Bernard dut attendre la mort de Richelieu pour rentrer en France et obtenir « un arrêt de rétablissement ».

La fuite, la condamnation du duc de la Valette, c'était la fin de d'Épernon.

Ses deux serviteurs Candale et Louis étant morts,

Richelieu voulut en finir avec leur père, le trop fameux gouverneur de Guyenne. D'Épernon fut privé de ses pensions, de ses honneurs, de ses charges. On lui intima l'ordre de se retirer en son castel de Plassac. Il n'y passa qu'une partie de l'année 1640.

Rongeant son frein, rugissant de colère, affaibli par l'âge, comparant son aurore de petit cadet au voile de ténèbres d'à présent, et ayant enfin reconnu son impuissance, il alla s'enfermer au château de Loches, — le seul gouvernement laissé à ce doyen des révoltés, des conspirateurs, des traîtres. Loches au lieu de Plassac, c'était encore désobéir à Richelieu ; mais le cardinal ferma les yeux sur cette désobéissance, qui fut la dernière. Le lion n'avait plus de dents.

Jean-Louis de Nogaret de la Valette, duc et pair d'Épernon, allait et venait dans son appartement, tel un ours en cage, ruminant son orageuse vie et frémissant de son isolement. Peut-être songeait-il à ce Ludovic le More, dix ans prisonnier du roi Louis XII, dans un cachot souterrain de ce même château de Loches, et qui traça sur le mur, de sa propre main, cette inscription amère : CELVI QVI NET PAS CONTAN... Lui, non plus, ne l'était pas !

Il avait perdu sa femme, deux de ses fils, ses deux frères, dont un mort en pleine gloire et fidèle au roi, sa sœur la plus aimée, sa belle-fille de Verneuil, morte empoisonnée, son vieux frère d'armes Roquelaure et son confident du Perron. La Bastille étouffait, derrière ses murs, les sarcasmes de son ami Bassompierre. Son fils Bernard — en qui il retrouvait ses vices plutôt que ses qualités — était condamné à mort.

Au début de l'hiver, l'indestructible chêne eut ses branches secouées par les infirmités et la maladie. Il dut écrire, à ce moment, pour Guillaume Girard, dont il avait fait le frère archidiacre, les points marquants de sa carrière, l'opinion qu'il entendait imposer de lui à la postérité. La dernière minute d'un homme est le miroir de sa vie. Mais la postérité, surtout dans une démocratie, sait ce que vaut un secrétaire intime : elle s'en remet aux témoins, aux contemporains.

D'Épernon mourut, presque nonagénaire, le 13 janvier 1642, en cette partie du château de Loches nommée *le logis du roi*, qui est aujourd'hui la sous-préfecture. On croit que son petit-fils, Gaston, duc de Candale, et sa petite-fille, Christine de la Valette, l'assistèrent à ses derniers moments. Après un service à la collégiale Notre-Dame de Loches, son corps alla rejoindre à Cadillac ceux de la duchesse d'Épernon, d'Henri, premier duc de Candale, et du cardinal de la Valette.

Cette mort produisit plus d'émotion à Madrid qu'à Versailles et au Louvre. A la cour, aux Halles et parmi le peuple, on appelait le duc depuis longtemps : *le bonhomme d'Épernon*, ce dont il enrageait.

Moins de six mois après, le 3 juillet, Marie de Médicis, son ancienne amie et complice, mourait à Cologne ; et Richelieu faisait insérer, dans *la Gazette*, des lignes où d'Épernon se serait reconnu : « ... Le « regret de sa mort a été accru par celui de l'absence

« qu'elle s'etoit causée, suivant le conseil de quelques
« esprits brouillons, auxquels la facilité de son carac-
« tère avoit laissé prendre trop de créance. »

Le duc avait vu mourir cinq rois (dont deux assas-
sinés), cinq reines de France, s'écrouler quantité de
ministres et de favorites. Il dut regretter amèrement,
à l'heure suprême, de partir avant Richelieu ! Amoral
et rancunier, il mesurait tout à son égoïsme. Dernier
représentant des prétentions féodales, taillé sur le
patron des grands vassaux qu'abattit Louis XI, — le
roi si patriote et si méconnu, — il vit tomber les têtes
de Biron, de Chalais, de Montmorency, de Marillac,
de Boutteville, de Deschapelles, humilier Anne d'Autriche et traquer la duchesse de Chevreuse. La France
du xvi⁰ siècle, orageuse, élégante, sanglante, pleine
d'énergie et de vitalité, expirait en sa personne ; celle
de la seconde Renaissance s'en allait aussi avec lui.

Il était « le plus ancien duc et pair de France, le
plus ancien officier de la couronne, le plus ancien
général d'armée, le plus ancien gouverneur de province, le plus ancien chevalier de l'ordre, le plus ancien conseiller d'État et presque le plus ancien homme
de condition de son temps ». Tout cela n'empêcha
point son tombeau d'être violé à la Révolution, et
sans doute qu'il le fut surtout à cause de cette vaste
accumulation de titres.

La chapelle du duc, à face ogivale et à une seule
nef, possède une tribune ornée de belles sculptures.
C'est aujourd'hui l'église paroissiale de Cadillac.
A droite, près de l'autel, une autre chapelle, en style

Renaissance, contenait le tombeau du duc et de la duchesse d'Épernon, surmonté de leurs statues. Il ne reste de ce tombeau, détruit en 1793, qu'une Renommée en bronze, qu'on peut voir au Louvre. Le tombeau était fait de marbres de diverses couleurs. On arrivait jadis au portail d'honneur du château par un pont-levis : Jean-Louis de Nogaret imitait jusqu'au bout les Grands Vassaux [1].

VII

En prenant congé de cet étonnant personnage, il n'est pas sans intérêt de savoir comment finit sa postérité.

En décembre 1642, quand Richelieu eut expiré dans son linceul de gloire, le duc de la Valette avait cessé, depuis mai 1640, de battre le pavé de Londres et d'être l'hôte de Charles Ier et d'Henriette de France, à Whitehall. Rentré en France, réhabilité par le Parlement, du vivant même de Louis XIII, il laisse de côté son duché de la Valette pour celui

---

1. En 1816, il était sérieusement question de démolir Cadillac. Sur la proposition du comte de Tournon, préfet de la Gironde, l'État l'acheta pour cinquante mille francs (d'Épernon y avait dépensé millions sur millions) et y établit une maison centrale de femmes.

d'Épernon et prend possession à la fois du nom et de l'immense fortune de son père, des châteaux de Cadillac et de Plassac, des hôtels d'Épernon de Paris et de Blois. Pendant la disgrâce paternelle, la Guyenne avait été administrée par un lieutenant général, mais Bernard possédait, avant sa condamnation, la survivance de ce gouvernement. Réhabilité, il en devint titulaire, avec cent mille écus de revenus, sans compter ses tripotages et exactions. Le second et dernier duc d'Épernon succéda aussi à son père dans la capitainerie du château de Loches.

En 1643, il est à Bordeaux, y mène une vie dissipée, scandaleuse, et rend sa seconde femme aussi malheureuse que la première. Sa basse nature le porte à secouer le lien qui l'unit à Marie du Cambout : quoique la nouvelle duchesse d'Épernon soit irréprochable, il verra toujours en elle la parente de son juge Richelieu ! L'année suivante, il s'éprend, s'affole des beaux yeux d'une petite bourgeoise d'Agen, Anne de Maurès, dite Nanon de Lartigue. Il l'entretient sur un pied fastueux. On assure que cette galante personne, très avisée et plus que vénale, se fit avec les largesses de son amant une fortune de six millions de livres.

Tous les lustres de Cadillac s'embrasent en l'honneur de Nanon ; le duc d'Épernon la noie littéralement dans les cadeaux et les fêtes. Pour elle encore, il tient à ses gages une troupe dramatique, dont le principal sujet est le comédien Dufresne. En l'année 1645, figure dans cette troupe la fameuse Madeleine Béjart,

— ancienne maîtresse du comte de Modène, historien de Masaniello, — dont Molière épousera la fille, non moins fameuse, Armande Béjart.

Parfois, le fils de Bernard, Louis-Charles-Gaston, duc de Candale, vient *s'esbattre* à Cadillac, où l'on joue la comédie, ce qui lui permet de courtiser les actrices. Candale a le goût plus fin, plus relevé que celui de son père ; mais il adore le plaisir. Paris, où il vit la plus grande partie de l'année, le cite déjà pour son esprit et son élégance. Le duc d'Épernon — la concurrence en amour décore cette famille — n'aime pas voir son fils se fourrer dans les jupes des comédiennes. Il craint que Nanon de Lartigue s'intéresse à la beauté de Gaston. Aussi le renvoie-t-il volontiers au Louvre, où la sœur de Candale, la jolie Mlle de la Valette, commence à troubler sérieusement les cœurs.

En 1646, le poète Mangot dédie au duc d'Épernon sa tragi-comédie *Josaphat*. Les termes de cette dédicace, plus qu'adulateurs, proclament que le gouverneur de Guyenne s'intéressait fort aux choses du théâtre.

Si le duc d'Épernon se fût borné à protéger l'art, la Guyenne lui aurait pardonné pas mal de sottises. Mais les impôts devenaient pyramidaux ; l'avidité du gouverneur touchait au délire ; le peuple accompagnait d'un vaste chœur d'indignation ses moindres actes... En 1646, la reine Anne d'Autriche et le cardinal Mazarin — clair de lune de Richelieu — l'appelèrent à Paris pour lui laver la tête. Il n'était pas homme à se corriger, et l'on en vint à regretter son père !

Trois ans avant, en août 1643, il avait tenté d'enlever Mazarin du Louvre, de complicité avec la duchesse de Chevreuse, devenue son amie *politique*.

C'est sans doute au zèle dont il fit preuve pendant les troubles de la Fronde que Bernard dut d'être maintenu, quelques années encore, en son gouvernement. Il fut impitoyable dans la répression : c'est à lui qu'on doit la destruction de Castelmoron, ou le *château noir*, à Arbanats. Il fit beaucoup de mal à la ville de Langon, déjà saccagée par les guerres de religion, sous prétexte d'en chasser les frondeurs. Bordeaux se souvient autant de sa cupidité que de ses folies. Il trouva le moyen d'aggraver les impôts établis par son père, — et l'on sait s'ils étaient copieux. Si bien qu'une véritable guerre civile éclata dans la province. Elle dura plusieurs années et ne se termina que par le siège de Bordeaux, en 1653. La cour fit preuve d'une certaine modération dans la victoire. Mazarin comprit qu'il fallait ménager la Guyenne, si éprouvée depuis plus de cent ans.

. Enfin, en 1650, la régente retire au duc d'Épernon son gouvernement de Guyenne, où d'Harcourt le remplace. Le grand Condé lui offre, comme fiche de consolation, le gouvernement de Bourgogne. Bernard s'empresse d'accepter : il emmène à Dijon ses équipages, ses gardes, ses cuisiniers, sa maîtresse Nanon de Lartigue, et recommence, avec cette sirène haut cotée, sa *vie inimitable*. La duchesse se morfond en sa solitude, à Paris, à l'hôtel d'Épernon. Au reste, comme le duc est un bourreau d'argent, un vrai panier percé, il ne tarde pas à vendre le magnifique hôtel de la rue Plastrière au contrôleur général d'Hervart.

La duchesse d'Épernon alla s'enfermer à Cadillac.

En 1658, Bernard perd son fils Gaston, titré duc de Candale depuis la mort de son oncle Henri.

Ce second duc de Candale, nous ne l'avons qu'entrevu. Courageux, spirituel, point dépourvu de talents, créateur de modes, il peut passer pour le roi des gommeux de son temps. Il fit, comme tant d'autres, son stage d'amant chez Marion de Lorme, le compléta chez Ninon de Lanclos et Mme de Bragelonne; mais sa maîtresse en titre fut une certaine Mme de Saint-Loup. On ne peut compter les modes qu'il imposa aux snobs d'alors, ni ses duels, escapades et fredaines, surtout pendant la Fronde. Ses fantaisies, ses gestes de viveur frénétique, amusaient les dames et seigneurs, la ville et la cour, mais, de nos jours, le mèneraient tout droit en police correctionnelle.

Il ne respectait rien, lorsque l'emportait sa verve. Bartet, résident du roi de Pologne, eut l'imprudence de dire devant témoins que « si l'on ôtait au duc de Candale ses grands cheveux, ses grands canons, ses grandes manchettes et ses grosses touffes de *galants*, il serait moins que rien et ne paraîtrait plus qu'un squelette et un atome ». Candale, déjà rival de Bartet en amour, envoya un écuyer et onze laquais arrêter sa voiture, en plein jour, rue Saint-Thomas-du-Louvre. Quelques-uns de ces hommes entrèrent dans le carrosse et coupèrent à Bartet la moitié des cheveux et de la moustache. Ceci se passait le 28 juin 1655. Quoique Bartet fût protégé par Mazarin, tout Paris s'amusa de son malheur.

Enfin, ce débordement de folies parut se calmer. Mazarin et la régente rappelèrent au jeune noceur qu'il était colonel général de l'infanterie française en survivance, et que la noblesse est mieux à sa place sous les drapeaux qu'aux tavernes et aux alcôves. Le duc de Candale reçut le commandement de l'armée de Catalogne. La cour tablait sur sa valeur et sur son énergie. Il venait d'arriver à Lyon, lorsqu'il y mourut subitement, le 28 janvier 1658, ayant à peine trente ans et n'étant point marié. Il laissa beaucoup de regrets, au Louvre et place Royale; les dames versèrent des larmes sur sa fin prématurée. Son oraison funèbre fut prononcée par l'abbé de la Roquette.

Ce deuil ne calma en rien la vie outrancière du duc d'Épernon. En octobre 1659, il quitta Dijon pour aller recevoir la cour à Cadillac. Bernard renchérit sur les embellissements de cette princière demeure. Girardon — célèbre par l'admirable tombeau de Richelieu, à la Sorbonne — fut appelé à Cadillac; il y sculpta de belles cheminées, dont l'une, nommée « cheminée de la Victoire », existe encore dans l'ancienne chambre à coucher de la duchesse. Le château possède aussi de ce grand artiste un fronton et un écusson portant cette devise : *Manet ultima cœlo*. Tout cela atrocement mutilé pendant la Révolution.

Louis XIV, qui allait épouser l'infante Marie-

Thérèse, Anne d'Autriche et Mazarin s'extasièrent sur l'incomparable château. La reine-mère et M{}^{lle} de Montpensier, qui l'accompagnait, prodiguèrent surtout des compliments. Une fête suivit et compléta l'enthousiasme du duc. Sur quoi, le bon apôtre regretta de n'avoir pu faire mieux en leur honneur, « ayant — dit-il — perdu six millions pendant le règne de Louis XIII ».

Le duc d'Épernon retourna pressurer la Bourgogne; mais, en 1660, on est si mécontent de lui, la province se lamente, hurle si bien après son gouverneur, que la cour l'appelle à Paris et le chapitre ferme. Au mois d'avril, il renvoie Nanon de Lartigue et se réconcilie avec la duchesse d'Épernon, « pour préparer sa réconciliation avec Dieu », affirme son superbe aplomb. Il meurt, à Paris, le 21 juillet 1661, âgé de soixante-neuf ans, après avoir descendu salement le fleuve de la vie. En 1657, il acquit de la duchesse de Chevreuse, pour 400.000 livres, l'hôtel de Chevreuse, rue Saint-Thomas-du-Louvre; et c'est probablement là qu'il mourut.

On a vu que, de son mariage avec Gabrielle-Angélique de Bourbon, le dernier duc d'Épernon avait aussi une fille : Anne-Louise-Christine de Foix de la Valette, née à Paris, rue Plastrière, en 1624.

Il est fort question de cette aimable personne dans les mémoires contemporains. Beaubrun l'a peinte dans tout l'éclat de ses charmes. A dix-huit ans, elle parut à la cour; sa beauté y fit sensation. Il n'est pas douteux qu'elle fut en commerce de galanterie avec plusieurs gentilshommes, jusqu'à l'heure où elle rencontra, aux fêtes du Louvre, le jeune et séduisant Fiesque, chevalier de Malte.

Les *Fieschi*, venus en France avec Catherine de Médicis, appartenaient à une famille génoise de bonne noblesse. L'amant de Mlle de la Valette avait pour aïeul le comte Scipion de Fiesque, époux d'Alphonsine Strozzi, dame d'honneur de la reine Louise de Vaudemont.

Cette violente et sincère passion prit fin au bout d'un an, l'amant ayant été tué au siège de Mardyck en 1646. Christine, inconsolable, se retira aux Carmélites de la rue Saint-Jacques, que venait de fonder Mme Acarie, pénitente de l'illustre Vincent de Paul.

Christine de la Valette fit profession, en 1648, sous le nom de sœur Anne-Marie de Jésus. Par la suite, elle connut, en ce couvent, la duchesse de la Vallière et la duchesse de Longueville, l'héroïne, ou l'aventurière de la Fronde, comme on voudra. Ce couvent, parfumé d'aristocratie, semble avoir été le suprême refuge des Madeleines de la cour. Dieu accueillait volontiers, devant ses autels, les brebis au cœur percé d'un trait inarrachable.

Les femmes titrées allaient souvent visiter Mlle de la Valette et l'appelèrent, jusqu'à sa mort, *Madame la duchesse d'Épernon*. Ses passions, ses vertus, ses vices, furent ceux de son temps. Grande amie de Mlle de Montpensier, elle lui conseilla de n'écouter que son cœur, c'est-à-dire d'épouser l'audacieux Lauzun, malgré l'opposition de son cousin Louis XIV. La sœur Anne-Marie de Jésus mourut le 22 août 1701, à soixante-dix-sept ans. Avec elle s'éteignirent la descendance directe de Jean-Louis de Nogaret de la Valette et le titre ducal d'Épernon. La pairie s'était éteinte en juillet 1661.

L'amitié de la carmélite pour Mlle de Montpensier s'explique par la conformité d'humeur et la parenté.

Catherine de Nogaret de la Valette, sœur cadette du premier duc d'Épernon, avait épousé le comte du Bouchage, qui commanda des armées, après avoir été capucin, et quitta son maréchalat pour s'enfroquer de nouveau. Leur fille, Henriette-Catherine, épousa le duc de Bourbon-Montpensier. Veuve en 1608, elle se remaria au duc Charles de Guise. De son premier lit naquit Marie de Montpensier, femme de Gaston d'Orléans, frère de Louis XIII. L'amoureuse de Lauzun, la Grande Mademoiselle, qui a fourni à Mme de Sévigné le sujet de sa délicieuse lettre des *dix-neuf adjectifs*[1], était fille de Gaston et de Marie et, par conséquent, arrière-petite-cousine de son amie la carmélite.

Paris, 1920-1921.

---

1. Celle datée de Paris, 15 décembre 1670.

TABLE DES GRAVURES

TABLE DES MATIÈRES

Achevé d'imprimer

le trente et un juillet mil neuf cent vingt-cinq

IMPRIMERIE ALPHONSE LEMERRE

6, RUE DES BERGERS, 6

PARIS

DERNIÈRES PUBLICATIONS

PROSE

POÉSIE

COLLECTION MONDE ET SCIENCE

6410. — Impr. A. Lemerre, 6, rue des Bergers, Paris.